国际中文教学通用课程大纲（中小学阶段）

总 主 编：郁云峰

副总主编：静　炜

顾　　问：赵金铭　刘英林　崔永华　李　泉　吴勇毅　王佶旻

◎编委会：

执行主编：邵亦鹏　丁安琪　王锦红

编　　者：冯丽萍　王祖嫘　徐晶凝　吴中伟　曹贤文　王利娜　马佳楠
呼丽娟　王　阳　陈文景　程海婷　储　玥　梁允迪[俄]
刘青华　阮氏山[越]　尚　超　土田真由[日]　王婧阳　吴佳航
吴孟芸　张凤永　张　杨[荷]

◎特别鸣谢：

张　英　北京大学
罗剑波　复旦大学
祖晓梅　南开大学
宋继华　北京师范大学
王学松　北京师范大学
毛　悦　北京语言大学
苏英霞　北京语言大学
岳　岩　北京语言大学
郑艳群　北京语言大学
徐丽华　浙江师范大学
朱　琪　北京外国语大学
方欣欣　加拿大阿尔伯塔省教育厅
张新生　英国伦敦理启蒙大学
吴坚立　澳大利亚中文教师联会
古川裕　日本大阪大学
胡　琳　西南大学/泰国孔敬大学孔子学院

马　跃　南非开普敦大学

苏碧娜　柬埔寨皇家科学院

姚载瑜　新西兰奥克兰大学孔子学院

金晓蕾　塞尔维亚贝尔格莱德大学

阮福禄　越南胡志明市师范大学

汪敏锋　福建师范大学 / 菲律宾红溪礼示孔子学院

张　红　阿联酋教育部

周　芳　阿联酋教育部

张　瑞　对外经济贸易大学

易福成　俄罗斯国立人文大学

齐　冲　法国巴黎大学

马西尼　意大利罗马大学

袁博平　英国剑桥大学东方研究院

刘长征　北京语言大学

张　丽　西班牙汉语考试委员会

蔡昌杰　印尼雅加达华文协调机构

陈　琦　香港英基西岛中学

陈　健　美国旧金山新意中文学校

杨松芳　约旦安曼 TAG 孔子学院

王胜利　河北经贸大学 / 尼泊尔加德满都大学孔子学院

张　奇　复旦大学 / 阿根廷布宜诺斯艾利斯大学孔子学院

尚劝余　拉脱维亚大学孔子学院

程　雪　拉脱维亚大学孔子学院

王秀卿　韩国国立安东大学孔子学院 / 曲阜师范大学

李文学　白俄罗斯国立技术大学科技孔子学院

尚蓓蕾　白俄罗斯国立技术大学科技孔子学院

国际中文教学通用课程大纲

（中小学阶段）

International Curriculum for Chinese Language Education

(For Primary and Secondary Schools)

中外语言交流合作中心　组编

北京语言大学出版社
BEIJING LANGUAGE AND CULTURE UNIVERSITY PRESS

图书在版编目(CIP)数据

国际中文教学通用课程大纲. 中小学阶段 / 中外语言交流合作中心组编. -- 北京 : 北京语言大学出版社, 2024.4(2024.12重印)

ISBN 978-7-5619-6518-4

Ⅰ. ①国… Ⅱ. ①中… Ⅲ.①汉语—对外汉语教学—教学大纲 Ⅳ. ①H195.2

中国国家版本馆CIP数据核字（2024）第077028号

国际中文教学通用课程大纲（中小学阶段）

GUOJI ZHONGWEN JIAOXUE TONGYONG KECHENG DAGANG (ZHONG–XIAOXUE JIEDUAN)

排版制作：北京创艺涵文化发展有限公司
责任编辑：王巧燕
英文编辑：侯晓娟
封面设计：张　静
责任印制：周　燚

出版发行：北京语言大学出版社
社　　址：北京市海淀区学院路15号，100083
网　　址：www.blcup.com
电子信箱：service@blcup.com
电　　话：编 辑 部　8610-82303390
国内发行　8610-82303650/3591/3648
海外发行　8610-82303365/3080/3668
北语书店　8610-82303653
网购咨询　8610-82303908
印　　刷：天津嘉恒印务有限公司

版　　次：2024年4月第1版　**印　　次：**2024年12月第2次印刷
开　　本：889毫米×1194毫米　1/16　**印　　张：**11.25　插表1
字　　数：204千字
定　　价：68.00元

PRINTED IN CHINA
凡有印装质量问题，本社负责调换。售后 QQ 号 1367565611，电话 010–82303590

前 言

（一）目的

为顺应世界各地中文教学迅速发展的趋势，满足各国中小学中文教学课程规范化的需求，我们研发了《国际中文教学通用课程大纲》(中小学阶段)(以下简称《大纲》)。

《大纲》对中文作为第二语言教学课程目标、课程内容和课程评价进行了梳理和描述，并提供了常见综合教学模式课例，旨在为中小学中文教学机构和教师在教学计划制订、教学内容与教学方法选择、学习者语言能力测评和资源研发等方面提供参考依据和参照标准，为不同国家和地区制定本土中小学中文教学大纲提供参考。

（二）原则

1. 科学性原则

《大纲》以第二语言教学理论为指导，基于对全球中小学中文教学现状、各国中小学外语教学大纲（含中文教学大纲）的调查，对使用者需求进行分析，吸收借鉴世界范围内多种第二语言教学大纲的经验，并与《国际中文教育中文水平等级标准》(以下简称《标准》）相关联，理论与实践相结合，系统呈现课程目标、课程内容与课程评价，力图为中小学中文教学的课堂教学、教学评估、资源研发、大纲制定提供科学的参考依据。

2. 实用性原则

《大纲》从指导中小学国际中文教学实践的角度出发，针对教师的实际需求，对课程目标、课程内容进行分级、分类描述，对课程评价理念、维度与方式进行介绍，并根据全球中小学中文教学主流模式，将主题、语言知识、文化知识及课堂交际活动设计有机整合在一起，为教学提供便利的参考内容。同时提供资源手册，使用者可以根据教学实际情况，参考选择所需要的内容，制定出个性化的教学大纲、资源研发纲目或教学计划等。

3. 针对性原则

《大纲》专门针对中小学阶段的中文教学，不涉及大学及社会人士等教学对象。课程目标充分考虑中小学段外语课程全人教育的特点，设定为中文综合运用能力、文化能力、学习和思辨能力、情感和态度四个方面，其中中文综合运用能力是核心。教学内容充分考虑中小学生年龄跨度大、认知能力差异显著的特点，针对不同年龄阶段与语言水平设计参考话题、活动、语句、词汇、语法与文化点。附录中的常见综合教学模式课例、课程评价样表与样题等也专门针对中小学阶段的中文教学。

4. 通用性原则

《大纲》广泛吸收了世界各国中小学中文教学的成果与经验，课程目标、课程内容、课程评价以及综合教学模式课例等既照顾发达国家和地区的特点，也考虑发展中国家和地区的需求，力图体现国际中小学中文教学的普遍性规律，为教学实践提供思路。对于《大纲》所提供的内容，使用者可以根据自己的教学情境直接使用或因地制宜地加以调整。

（三）适用对象

《大纲》旨在为国际中文教育工作者和中小学中文学习者提供服务。

国际中文教育工作者包括在世界各国从事面向中小学生的中文教学的教师、教学管理者、教学资源研发者及教学评价者。

中小学中文学习者包括各类学历与非学历教育的学校、机构中的中小学段学生。

（四）内容

《大纲》包括正文、附录和资源三部分。正文部分对中小学阶段中文课程目标、课程内容、课程评价进行详细描述，是《大纲》的主体部分；附录部分提供常见综合教学模式课例、评价样表与样题。资源部分单独成册，主要包括现代汉语知识介绍、汉语拼音声韵调、普通话声韵拼合、按等级排列的音节表、分类分级词表、分级倒序词表、常用汉字部件表、50首经典童谣、50首教学常用歌曲名录、50个经典中国故事名录、50首经典古诗词、17个中文学习类绘本读物系列名录等内容。这些内容可以为教师的教学实践和专业发展提供参考，扫描封底二维码可获取。

《大纲》划分为三等九级，与《标准》相一致。综合考虑全球中小学中文教学的实际需求，《大纲》将初等一、二、三级又分别划分为A、B、C三个层次：A为该等级低级水平，B为该等级中级水平，C为该等级高级水平。

1. 课程目标

课程目标包含课程总目标与分级目标。

中小学中文课程是中小学全人教育的重要组成部分。课程总目标是使学习者在学习中文知识和相关文化知识的基础上，具备一定的中文综合运用能力，并在中文学习和应用过程中提升文化能力、学习和思辨能力，养成中文学习的积极情感和正确态度，获得心智的全面发展，在社会文化生活中发挥更加积极的作用。

《大纲》从语言理解、语言表达和人际沟通三个方面通过列举典型任务的方式对中文综合运用能力进行分级目标描述。语言理解、语言表达和人际沟通是对语言交际行为的分类，分别代表了语言的输入、输出与互动，是学习者语言综合运用能力的直观表现，并间接体现学习者的语言知识水平，也在一定程度上反映学习者的综合素养，包括文化能力、学习和思辨能力、情感和态度。

课程目标的描述采用了“能做”方式，如语言理解中的“能听懂”“能看懂”、语言表达中的“能介绍”“能表达”、人际沟通中的“能讨论”“能交流”等。这种描述方式可以让教师直观地了解每个等级对学习者语言综合运用能力的要求。

2. 课程内容

《大纲》课程内容由主题、语言知识、语言技能、文化知识和学习策略五大部分共同构成。主题可以联结、统领其他内容，语言知识和语言技能是学习者进行语言综合运用的基础，文化知识为培养学习者的文化能力提供内容资源，学习策略为学习者学习和思辨能力的提升提供具体的方式方法。

主题包括个人与社区、学习与工作、社会与生活、自然与科技、中国与世界五大范畴。每一范畴下又划分出不同的子主题，子主题下有若干话题内容。这一主题框架是基于对全球中文及其他第二语言教学或课程大纲大数据分析的基础归纳整理而成的，基本能够覆盖当前国际上主流的第二语言教学领域的常见主题。不同主题各有侧重，但没有绝对界限，部分话题会根据侧重点的不同分别放入不同的主题。

语言知识主要包括语音、词汇、语法、汉字。《大纲》将语言知识中的词汇、语法点与主题进行有机结合。在以主题为纲的教学（这也是目前国际上主流的教学方式）中，教师碰到的重要课题之一就是如何将分等级的词汇、语法点与所要讲授的主题结合起来。《大纲》在呈现主要教学内容时，示范性地提供每一个子主题或话题下可能出现的词汇、语法点及相关文化点，并提供相应的语句示例和交际活动示例。同一级别内各主题之间没有先后顺序之分，在具体课程大纲的编写或实际教学中，教师可从不同主题中选取相应话题，参考所提供的词汇、语法点、文化点进行教学设计。在以主题为纲的教学中，教师可以结合具体选用的话题内容，采用集中教学或分阶段教学的方式开展拼音教学，并对汉字识读或手写做出相应的要求。

语言技能包括听、说、读、写、译等方面的技能及其综合运用。《大纲》对以语言技能为纲的教学内容进行了分级描述，详细提供了每一项语言技能在每一个等级中需要学习的内容范围及标准，如初等 1A“听”的内容为：发音非常标准、语音非常清晰、语速非常缓慢的最基本的教学用语和生活中最基本的信息等。

学习策略是现代第二语言教学的重要内容。《大纲》中的学习策略主要包括元认知策略、认知策略、交际策略、情感策略等内容。学习策略一般不受学习者语言水平的直接影响，同一策略可以在不同等级中出现，不同策略也可以在同一等级中学习。因此，策略部分的内容在《大纲》中不做分级描述。使用者可以根据自己教学的实际需求，从中选取一个或多个不同的策略进行教学。

3. 课程评价

《大纲》课程评价着眼于对学习者的学习过程和学习结果做出定量和定性评定，由评价理念、评价维度、评价方式三部分组成，并提供相应评价样表与样题。

《大纲》秉持以评促学、以评促教、全过程评价的理念。

基于这样的理念，《大纲》提出国际中文教学课程评价的评价维度是多样的，包括语言知识、语言技能、文化能力、策略能力以及语言理解、语言表达和语言沟通等不同维度。

国际中文教学课程评价的评价方式主要包括形成性评价和终结性评价两条评价路径，以及达标性评价和增值性评价两种评价基准。

《大纲》认为课程评价主体应该是多元的，以教师评价为主，其他主体评价为辅。

（五）特点

1. 以《标准》为本

《大纲》以《标准》为指导组织内容。《大纲》在等级划分方面与《标准》保持高度一致，每一级所达到的水平要求也与《标准》保持一致。

《大纲》课程目标、课程评价以《标准》为参照，与《标准》对不同等级学习者水平的能力描述保持一致；《大纲》课程内容所涉及音节、词汇、语法、汉字等均以《标准》为参照。

2. 框架模块化

《大纲》整体框架由不同层级的课程目标、课程内容、课程评价等模块组成。使用者可以根据使用目的、教学对象的不同，从各级模块下选取一项或多项内容重新组合，编制所需要的教学大纲或教学材料。

3. 内容主题化

《大纲》与国际上主流的以主题为纲的外语教学大纲接轨，在内容方面采取主题化的编排方式，除语言技能与学习策略模块外，语言知识和文化知识均围绕主题安排，将话题内容、活动、词汇、语法点、文化点有机组配，使其更便于在教学中使用。

由于教学情境千差万别，主题化的教学内容无法穷尽性列举所有话题内容、活动、词汇、语法点与文化点，因此，《大纲》中所呈现的内容均为例举。

4. 等级多层化

《大纲》在整体框架的等级划分上，与《标准》保持高度一致，但中小学教学的特点决定了大部分国家和地区的中小学中文教学主要集中在初等水平，因此，进一步细化初等水平的层次对针对某个国家、地区、学校或班级制定具体教学大纲、规划具体教学内容等更有参考价值。《大纲》创新性地将初等三级水平又细分为 A、B、C 三个层次，多层化的等级划分方式将更便于《大纲》使用。

5. 路径多元化

全球各地中小学中文教学情况复杂，实际教学路径是极其多元化的。鉴于实际教学中学习者背景、学习起点及教学课时的多样性，《大纲》以语言水平为基础，设定课程目标，组织课程内容。在实际教学中，学习者起点不同，每周学习时间不同，教师在教学中所选教学内容的水平也不同。教师可参考表 1，根据年级起点、学习时长为不同年级的中文教学选择相应的教学内容，制订相关的教学规划。如根据表格可查，从 1 年级开始进行中文教学，每周 1 课时，5 年级对应的水平为 1C，这表示在 5 年级可以完成 1C 等级之前的学习内容，并开始 1C 等级内容的学习。再如，从 6 年级开始进行中文教学，每周 4 课时，9 年级对应的水平是 3A，这表示在 9 年级可以完成 3A 等级之前的学习内容，并开始 3A 等级内容的学习。由于教师教学方法、学习者个体差异、学校教学安排等都可能对学习者语言水平产生影响，教学内容选择需要综合考虑各项因素，因此本表仅供参考。

《大纲》由教育部中外语言交流合作中心、中文联盟、北京大学、北京师范大学、北京外国语大学、北京语言大学、复旦大学、华东师范大学、南京大学、上海健康医学院、中国人民大学等多家单位起草，得到了世界各地 300 余名教师的帮助。我们衷心感谢所有参与研制工作的教师。《大纲》的不足及疏漏之处，欢迎广大读者提出改进意见，以便进一步修订完善。

《国际中文教学通用课程大纲》研发组

目 录

第一章　课程目标

一、总目标

外语课程是中小学全人教育的重要组成部分。中小学中文课程旨在使学习者在学习中文知识和相关文化知识的基础上，具备一定的中文综合运用能力，并在中文学习和应用过程中提升文化能力、学习能力和思辨能力，养成中文学习的积极情感和正确态度，获得心智的全面发展，在社会文化生活中发挥更加积极的作用。

中小学中文课程所承担的培养目标主要包括四个方面：中文综合运用能力、文化能力、学习和思辨能力、情感和态度。上述四个目标之间是相互促进的关系，其中，中文综合运用能力是中文课程的核心目标。

中小学中文课程的目标及其结构关系见图 1：

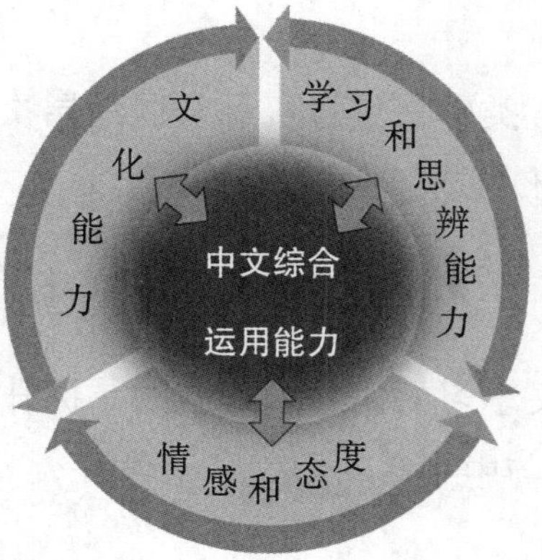

图 1　中小学中文课程目标结构关系图

学生通过中文课程的学习，在上述四方面应达到如下目标：

中文综合运用能力

运用听 / 读技能以及相关听 / 读理解策略，准确、顺畅、充分地获取各类信息，理解语篇内容、情感倾向以及社会文化内涵，有效完成各类语言理解活动。

运用说 / 写技能以及相关说 / 写表达策略，准确、顺畅、充分、得体地传递信息、表情达意，有效完成各类语言表达活动。

综合运用听、说、读、写、译各项技能和各种交际策略，遵循相关社会文化规约，顺畅、得体、有效地完成语言交际。

文化能力

将语言学习与文化学习相结合，了解中华文化和当代中国社会，拓展国际视野，加深对世界文化多样性的认识。

理解中华文化内涵以及中华文化在世界多元文化中的价值，关联中华文化和本国文化，并在文化比较中深化对中华文化和本国文化的认识。

适应中外跨文化情境，恰当处理文化差异问题，提升跨文化背景下的人际交往、合作交流和共处能力。

学习和思辨能力

运用多种学习策略，利用各类学习资源，有效促进中文学习，提高中文学习能力。

通过中文贯联学科知识，获取学科信息和资料，利用中文资源开展探究性活动，探索解决现实问题。

基于中文学习材料和各类中文信息资源开展深层次思考，提升理解、概括、分析、比较、推断、批判、评价、创造等思维能力。

情感和态度

在学习过程中体验中文学习的乐趣和成就感，提升对中文和中文学习的积极情感，强化学习动机，积极参与中文活动。

明确学习目标，端正学习态度，养成良好的学习习惯，积极思考，主动学习，勇于克服困难。

好学上进，乐于交流，理解和尊重他人，增强团队合作意识，具备探究精神。

二、分级目标描述

以下通过列举典型任务的方式从语言理解、语言表达和人际沟通三方面对中文综合运用能力这一中文课程核心目标进行分级描述。

语言理解、语言表达和人际沟通是对语言交际行为的分类。语言交际行为中蕴含着听、说、读、写、译等语言技能，语言交际行为可能是仅与某一项技能相关的单向行为（如语言理解或表达），也可能是体现多项技能综合运用能力的、双向互动的行为（如人际沟通）。

语言理解、语言表达和人际沟通三种语言交际行为是语言综合运用能力的直观表现，蕴含着语言知识综合运用能力，并间接体现学生的语言知识水平。语言知识可以有不同的教学途径，根本目标是培养语言综合运用能力。

语言理解、语言表达和人际沟通三种语言运用行为不仅体现着语言综合运用能力的发展水平，也在一定程度上反映出学生的综合素养，包括文化能力、学习和思辨能力、情感和态度。文化能力、学习和思辨能力、情感和态度的发展是一个综合性过程，并伴随着学生的成长而获得全面提升，这里不做分级描述。

初等 1A	
语言理解	能听懂最基本的教学用语，如教师简单的课堂指令和“对”“好”等评价反馈。 能听懂生活中的一些最基本的词语，如简单的时间、数量信息。 能获取生活中的一些最基本的书面信息，如用汉字书写的日期、方位。
语言表达	能使用最基本的礼貌用语。 能用最简单的词语和句子表达相对完整的意思，如介绍个人和家庭信息。
人际沟通	能进行最基本的课堂交际，如上课前师生相互问好。 能用最简单的词语和句子与同学进行问答，如交流最基本的个人信息。
初等 1B	
语言理解	能听懂基本的教学用语，如教师简单的课堂指令、提问和反馈。 能听懂生活中的一些简单的词语和句子，如同学发出的周末活动邀请。 能借助拼音和图片获取生活中的一些基本的书面信息，如看懂中文环境中一些简单的标牌。
语言表达	能使用基本的礼貌用语。 能用简单的词语和句子表达自己的喜好、愿望等，如告诉对方自己喜欢什么食物。
人际沟通	能用简单的词语和句子发出邀请，并商定时间和地点，如跟同学约定周末在某时某地见面。 能与他人简单寒暄，如谈论天气情况。
初等 1C	
语言理解	能听懂常用的教学用语，理解教师某些具有中华文化特色的体态语。 能听懂某些简单的歌谣。 能听懂音视频中一些简单的词语和句子。 能借助拼音和背景信息获取一些基本的书面信息，如看懂中文课表的基本内容。
语言表达	能吟唱简单的中国歌谣，如简单的中国儿歌。 能用简单的词语和句子表达自己的能力和习惯，如告诉对方自己会做什么事情。 能用汉字填写最基本的个人信息，如自己的姓名、性别、国籍。
人际沟通	能用简单的句子与同学交流休闲活动，如喜欢什么运动。 能用简单的句子进行日常交际活动，如购物。 能利用社交软件进行简单的书面交际，如互发问候语。

初等 2A	
语言理解	能听懂简单的教学用语，如理解老师布置的学习任务。 能听懂很简单的故事，以及音视频中简单的对话。 能看懂中文媒体上的一些生活类信息，如天气预报的基本内容。
语言表达	能在课堂上用简单的话语表达自己的疑问和想法，如向老师或同学提问。 能用简单的话语与同学分享喜欢的故事、歌曲等，如说出一个简单的故事的基本情节，并表达自己的感受。 能通过打字或手写的方式简单地表达心意和情感，如制作简单的生日贺卡。
人际沟通	能用简单的话语与同学交流各自的经历和活动计划，如各自的旅行经历、周末计划等。 能用简单的话语就生活中的某些现象交流看法，如与同学简单讨论某个生活习惯对健康有好处还是有坏处。 能进行简单的书面交流，如互相了解各自学习哪些课程。
初等 2B	
语言理解	能听懂简单的教学用语，如关于某个教学活动的具体指令。 能听懂用简单的话语介绍的自然科学知识，如关于太阳与地球的知识。 能借助词典看懂简单的书面语篇，如简单的中文邮件。
语言表达	能用简单的话语与同学分享学习资源，如推荐一个可以查阅生词的网站。 能用简单的话语向他人说明某人的特征，如某人的外貌、兴趣爱好。 能通过打字或手写的方式制订一份生活作息表（必要时可借助拼音）。
人际沟通	能用简单的话语与他人进行信息交流，如互相了解对方兴趣爱好、日常生活、家庭情况等方面的具体信息。 能在做客时用简单的话语与主人进行比较得体的交际，如寒暄、聊兴趣爱好、向主人道别等。 能进行简单的书面交流，如互相了解各自的生活习惯和兴趣爱好。
初等 2C	
语言理解	能听懂老师比较简单的话语，如关于某个活动安排的说明。 能听懂一些关于日常话题的简单的话语，如有关日常生活的简单故事。 能借助词典了解校园或社区生活中用汉字呈现的有关信息，如看懂比较简单的通知。

语言表达	能用简单的话语向他人提出请求，如请同学帮忙、向老师请假。 能用简单的话语说明自己的健康状况，如向医生说明自己哪里不舒服。 能以书面形式向他人传达简单的信息，如写简单的留言条、利用社交软件向他人发送简短的信息。
人际沟通	能用简单的话语与同学分享关于某些中华文化产品的感受，如交流对中国饮食的感受。 能用简单的话语进行日常交际活动，如在问路、购物、就餐过程中与他人进行比较具体的交流和协商。 能进行简单的书面交流，如互相了解最近的学习情况。
初等 3A	
语言理解	能听懂影视作品中人物之间的一些比较简单的对话。 能听懂关于某个物品的简单介绍，如在服装店听懂营业员关于某件衣服的介绍。 能看懂中文报纸上的一些生活类信息，如租房广告、球赛海报。
语言表达	能向他人描述某人或某物的特征，如介绍某件物品的特点和用途。 能比较清楚地表达自己的观点、情感和愿望，如对某场球赛发表简单的评论。 能以书面形式简单、清楚地表达自己的观点和看法，如通过社交软件或电子邮件等对朋友的某个想法提出简单的建议。
人际沟通	能在课堂活动中与同学开展比较简单的讨论，如与同学商讨决定某个班级活动。 能与朋友简单交流某些观点和想法，如对某个球星或歌星的评价。 能通过社交软件或电子邮件等与朋友简单交流某些信息和观点，如关于某部电影的看法。
初等 3B	
语言理解	能听懂媒体上一些比较简单的信息，如关于节日庆祝活动的报道。 能听懂关于某个活动的安排和相关要求，如某个旅行计划和需要准备的生活物品。 能看懂特定语境下的一些简单的书面介绍，如一场中文演出的节目单和相关节目的简单介绍。
语言表达	能向别人介绍自己喜欢的休闲方式，如自己喜欢的运动类型和运动习惯。 能比较得体地表达自己的观点、情感和愿望，如比较得体地对对方的邀请和建议表达拒绝并简单解释原因。 能以书面形式比较清楚地说明某个活动的有关细节，如通过电子邮件告知对方自己的行程安排和希望对方帮自己做什么事。

人际沟通	能与人交流有关日常生活主题的多方面信息，如出行安排等。 能与人围绕某个主题进行比较简单的讨论和分析，如讨论中国和本地主要节日的习俗，并进行简单的对比。 能以书面形式与中国朋友互相介绍本地和中国主要节日的习俗，并了解有关细节。
初等 3C	
语言理解	能听懂比较简单的故事，了解故事的主要细节。 能听懂围绕某个主题的比较简单的介绍或说明，如中文导游关于某个景点特色的简单介绍。 能借助词典看懂比较简单的中文小故事，了解故事的基本内容。
语言表达	能用中文比较完整、流畅地讲一个简单的故事。 能围绕某个主题进行比较完整的介绍或说明，如给中国游客介绍本地特色。 能写一篇结构比较完整的文章，比较清楚地表达自己的观点，如分析互联网给人们的生活带来的影响。
人际沟通	能与同学就某一话题分享主要观点，如与同学交流对环保的看法。 能比较自如地用中文进行日常交际活动，如在问路、购物、就餐过程中用中文解决具体问题。 能使用社交软件或通过电子邮件等形式与他人进行简单的思想感情交流，如与中国朋友交流各自的志向。
中等 4 级	
语言理解	能在自己感兴趣的话题范围内基本听懂、看懂中文媒体上的相关内容，如电视上的某些节目、报刊上的某些文章。 能基本看懂与自己知识背景相关的中文资料，如与本国历史相关的中外文化交流故事。 能基本看懂比较正式的通知、说明等，如商店的营业信息公告、媒体或社区发布的活动海报等。
语言表达	能参与校园中文活动，并表演简单的中文节目。 能比较完整、连贯、清楚地叙述一件事情的过程，如介绍一次旅游经历。 能比较完整、连贯、清楚地描述一个物品或物体，如介绍一种具有当地特色的食物。 能比较完整、规范地撰写应用性文本，如海报、活动计划、总结报告。 能进行非正式场合下简单的口译活动，如一些日常话题内容的翻译。

人际沟通	能与同学就某一话题分享信息和观点，如与同学谈论当地某个新闻事件的细节，并交换看法。 能参与社区的中文文化活动，如与中文社区的人们开展一些交流。 能使用社交软件或通过电子邮件等形式与他人进行比较具体的书面交流，如与中国朋友交流学习和生活中的某些细节问题。
中等 5 级	
语言理解	能基本听懂、看懂中文媒体上的一般性内容，如通俗性、娱乐性电视节目，中文报刊上的一般性文章。 能基本看懂与所学学科某一主题相关的中文资料，如关于中国某个历史事件的介绍。 能基本看懂比较正式的书面信函、公告等，如大学招生简章、某活动的注意事项等。
语言表达	能在学校或社区的文化活动中表演中文短剧。 能比较生动、流畅、详细地叙述一件事情的经过，或比较清楚、详细地描述一个物体的结构和功能。 能就学校有关活动或事件撰写简短的报道或说明。 能撰写结构完整的议论文，比较清楚地表达自己的观点，并进行一定的阐释和论证，如比较和分析中外饮食文化的差异。 能进行非正式场合下比较简单的口译活动，如为中国朋友口头翻译当地公共场合的一些书面标志或告示。
人际沟通	能与同学就某一话题进行比较充分、深入的交流，如与同学交流对某个社会事件的看法。 能参与社区中文文化活动的组织工作，如协助社区或当地社团组织中文文化活动。 能使用社交软件或通过电子邮件等形式与中文母语者进行比较充分的交流，如与中国朋友交流对某种社会现象的看法。
中等 6 级	
语言理解	能听懂、看懂中文媒体上的一般性内容，如听懂大多数电视节目，看懂中文报刊上的评论性文章。 能听懂略带方音或包含不规范语言现象的普通话，比较准确地理解说话人的意图以及话语中的一些文化内涵。 能看懂实用性说明材料，如某个产品的说明书。 能看懂所学学科某一主题的相关中文资料，并进行梳理和分析。

语言表达	能创作或改编中文短剧，并与同学一起表演。 能就所学学科某一主题相关内容在班里做口头报告。 能用中文撰写多种文体的文章，如记叙文、说明文、议论文和应用文，语言规范，语体风格恰当，表达手段比较丰富。 能承担非正式场合的口译活动，如为来访的中国客人担任中文口译。
人际沟通	能与同学就某个一般性话题进行充分、深入的交流，如与同学交流读书心得或关于某个文化产品的看法。 能参与社区的多元文化活动，如与同学一起策划、组织社区中文文化活动。 能使用社交软件或通过电子邮件等形式与中文母语者进行充分的交流，如与中国朋友交流对某个热点问题的看法。
高等 7 ～ 9 级	
语言理解	能听懂、看懂中文媒体上的大部分内容，如中文电视或报纸上的新闻和专题报道。 能听懂比较正式的、略具专业性的报告，如关于环境保护问题的讲座。 能看懂各类文学性作品或实用性材料，如现代小说、景点介绍、物品使用说明等。 能理解用中文表达的学科知识，如科学、自然科目中的内容。 对中文文化产品保持稳定的兴趣，并对其文化内涵有比较深刻的理解，如能看懂中文电影并比较深刻地理解电影内涵。
语言表达	能在正式场合发表演讲，如阐述自己关于全球化问题的看法，表达流畅、得体、生动，观点明确，逻辑清晰。 能结合初步的探究性活动，撰写内容充实、结构完整、语言流畅的报告，如针对青少年上网情况进行调研并形成调查报告。 能撰写规范、得体的应用性文件，如为本校学生会起草与中国合作学校开展交流活动的正式信函。 能承担正式的、非专业性内容的口译和笔译活动，如在中外姐妹学校联谊活动仪式上担任口译。
人际沟通	能参与一般性话题的正式讨论或辩论，如就某一社会现象与他人讨论并进行中外对比或原因分析。 能与中文母语者进行比较深入的交流，如采访中国文化界人士。 能与他人进行比较详细的书面沟通和讨论，如为举办某文化活动与中国合作学校讨论具体细节问题。

第二章　课程内容

中文课程内容由主题、语言知识、语言技能、文化知识和学习策略五大部分构成。它们是一个相互关联的有机整体，共同构成中文课程的内容基础。主题为语言学习提供语境范畴，并且可以联结、统领其他内容；语言知识和语言技能是学习者进行语言综合运用的基础；文化知识为培养学习者的文化能力提供内容资源；学习策略为学习者学习和思辨能力的提升提供具体的方式方法。

本大纲课程内容分为三个部分：

（1）**主题、语言知识、文化知识**

本部分采取主题化的设计方式，按照不同的等级，将语言知识、文化知识通过主题有机组合在一起，同时提供基于主题的活动示例。语言知识与学习者的语言水平密切相关，借助学习者母语讲授的文化知识跟语言水平没有必然联系，但把文化学习和语言学习紧密结合起来，可以帮助学习者在语言学习的过程中了解中华文化和当代中国社会，拓展国际视野，加深对世界文化多样性的认识，因此文化知识可以借助主题与语言知识关联起来，并区分不同等级。

（2）**语言技能**

根据听、说、读、写、译五项技能，分不同等级对课程内容进行描述。其中初等水平不包含译的技能内容。

（3）**学习策略**

学习策略包含元认知策略、认知策略、交际策略、情感策略等，不受学习者语言水平的直接影响，同一策略可以在不同等级中出现，不同策略也可以在同一等级中学习。

一、主题、语言知识、文化知识

主题为语言学习提供语境范畴，课程内容可以以主题为纲，围绕主题安排不同的话题、交际活动，提供适用于该主题的语句、词汇、语法及汉字。

本大纲主题包括个人与社区、学习与工作、社会与生活、自然与科技、中国与世界五大范畴。其中个人与社区分为个人信息、日程与爱好、家庭关系、社区文化四个子主题；学习与工作分为学校生活、教育与未来、日常工作、职业规划四个子主题；社会与生活分为日常生活、休闲娱乐、社会交往三个子主题；自然与科技分为自然环境、人类与健康、媒体、数字技术四个子主题；中国与世界分为语言文字、文学艺术、国家民族、思想与传统四个子主题。每个子主题下又包含不同的话题，如个人信息包括姓名、性别、年龄、生肖、国籍、生日、体貌、联系方式等话题。不同主题各有侧重，但并没有绝对界限，因此，有些话题可以同时属于两个不同的主题，如动物，当我们谈论宠物（如猫、狗）的时候，它属于个人与社区中的日程与爱好子主题；当我们谈论动物和植物的时候，它属于自然与科技下的自然环境子主题。

主题与话题列表

主题	子主题	话题内容举例
个人与社区	个人信息	姓名、性别、年龄、生肖、国籍、生日、体貌、联系方式
	日程与爱好	日常规程（如起床、吃喝、睡觉等）、性格、情感、技能、宠物、爱好
	家庭关系	父母、子女、兄弟姐妹、亲属关系、婚姻、家庭形式、家庭活动
	社区文化	邻里、社区设施、社区服务、节日、风俗文化
学习与工作	学校生活	老师、学生、学校设施、学习工具和资源、时间、课程、考试、校历、课外活动
	教育与未来	学科、学历、升学、校外学习、未来计划
	日常工作	职业、职务、日常办公、薪酬
	职业规划	行业、理想、未来规划
社会与生活	日常生活	交通、居住、饮食、购物、银行
	休闲娱乐	假期、运动、旅行、阅读、音乐、影视
	社会交往	礼貌用语、交友、社交活动（如聚会、会议、社团活动等）、社交礼仪（如邀请、建议、拒绝、命令、劝说等）

（续表）

主题	子主题	话题内容举例
自然与科技	自然环境	气候、地理、动植物、环境保护
	人类与健康	人体、健康、就医、生活方式
	媒体	广告、新闻出版、广播、影视剧、娱乐节目、社交媒体
	数字技术	计算机、互联网、机器人、电子设备（如手机、平板电脑等）、数字产品（如电子游戏、数字应用、数字学习等）
中国与世界	语言文字	语言名称、字母与拼音、汉字、方言和词汇
	文学艺术	文学（如小说、诗歌、散文等）、绘画、书法、建筑、名胜古迹
	国家民族	国家、城市、民族、人口、名人、经济、企业和产品
	思想与传统	家庭观念、以“和”为贵、谦虚谨慎、勤俭节约、尊敬师长

语言知识主要包括语音、词汇、语法、汉字。《大纲》将语言知识中的词汇、语法点与主题进行有机组合。教师可结合具体选用的话题内容，采用集中教学或分阶段教学的方式开展拼音教学，并对汉字识读或手写做出相应的要求。

以主题为纲的课程内容，示范性地提供每一个子主题或话题下可能出现的词汇、语法点及相关文化点，并提供相应的语句示例和交际活动示例。各主题之间没有先后顺序之分，在具体课程大纲的编写或实际教学中，教师可从不同主题中选取相应话题，参考所提供的词汇、语法点、文化点进行教学设计。

主题一：个人与社区

初等（1~3 级）

初等阶段个人与社区主题涉及个人信息、日程与爱好、家庭关系、社区文化四个子主题。

1 级			
话题示例		活动示例	语句示例
1A	我的姓名	1. 初次见面，同学之间互相介绍自己。 2. 看照片介绍家庭成员。	1. 你叫什么名字？ 2. 我叫王华。
	家庭成员		1. 我有一个哥哥。 2. 我爱我的妈妈。
	籍贯与国籍		1. 你是哪国人？ 2. 我是英国人。
	数字与时间		1. 这是我的手机号：17310070179。 2. 今天是星期一。
	作息安排		1. 我 7 点起床。 2. 我晚上 9 点睡觉。
1B	我的爱好	1. 与同学、朋友简单寒暄。 2. 制订一份合理的生活起居计划。	1. 我喜欢唱歌。 2. 我常常上网。
	我的愿望		1. 我想去中国。 2. 你想不想认识他们？
	我的朋友		1. 你有没有中国朋友？ 2. 我的朋友很认真。
	日常生活		1. 我星期天不学习。 2. 妈妈正在看电视。
	生日与年龄		1. 我的生日是 2009 年 10 月 5 号。 2. 我今年 8 岁。
1C	个人能力	1. 填写一份简单的活动报名表。	1. 我会开车。 2. 你会做什么？
	相貌和身体		1. 哥哥比我高。 2. 我没有姐姐好看。

<table>
<tr><th>词汇示例</th><th>语法点示例</th><th>文化点示例</th></tr>
<tr><td>叫、名字、什么</td><td rowspan="12">1. 能愿动词：想、会
2. 疑问代词：什么、哪
3. 人称代词：我、你、他
4. 指示代词：这、那
5. 数词：一、二、三、四
6. 频率、重复副词：常常
7. 结构助词：的$_1$
8. 语气助词：了$_2$
9. 表示时间、处所的词语作状语
10. 主谓句 2：形容词谓语句
11. 疑问句：正反问句
12.“是”字句：表示等同或类属
13.“有”字句 1：
（1）表示领有
（2）表示存在
14. 比较句 1：
（1）A 比 B + 形容词
（2）A 没有 B + 形容词
15. 并列复句（用关联词语）：
一边……，一边……</td><td rowspan="12">1. 见面与告别时的礼节
2. 中国人姓名的表述方式
3. 中国的姓氏文化
4. 中国人过生日的传统习俗
5. 有关送礼的习俗与禁忌
6. 中国十二生肖及关于属相的传说
7. 中国的人口政策
8. 中国人的亲属称谓
9. 中国传统的家族观念</td></tr>
<tr><td>爸爸、妈妈、哥哥、姐姐、弟弟、妹妹</td></tr>
<tr><td>哪、国、是、人</td></tr>
<tr><td>一、二、三、四、五</td></tr>
<tr><td>起床、睡觉、吃饭、去、学校、读书</td></tr>
<tr><td>爱好、喜欢、唱歌、上网</td></tr>
<tr><td>好玩儿、坐、飞机、认识</td></tr>
<tr><td>朋友、认真、很</td></tr>
<tr><td>休息、星期日（天）、现在</td></tr>
<tr><td>生日、岁、今年</td></tr>
<tr><td>会、打球、上网、开车</td></tr>
<tr><td>高、好看、累、饿、渴</td></tr>
</table>

话题示例		活动示例	语句示例
1C	做家务	2. 跟朋友比一比看谁的本领大。	1. 我和妈妈一起洗衣服了。 2. 你昨天干什么了？
	我的习惯		1. 我喜欢一边看电视一边吃饭。 2. 你晚上常常做什么？

2 级

话题示例		活动示例	语句示例
2A	我的计划	1. 为家人或朋友设计一张生日贺卡。 2. 制订一个旅行计划。	1. 快要放假了，你这个假期的计划是什么？ 2. 我和爸爸妈妈打算先去北京，然后去上海。
	我的经历		1. 我听过那个音乐会，你听过吗？ 2. 在中国学汉语的时候我很开心。
	我的理想		1. 那个网球明星又友好又热情。 2. 我想跟他一样，当一名老师。
	朋友交往		1. 我和她是好朋友，我们经常一起玩儿。 2. 我发短信告诉朋友，我为他的好成绩高兴。
2B	描述外貌	1. 根据描述找出照片中的人。 2. 给同组的人介绍一下自己的兴趣爱好。	1. 她的眼睛又黑又亮，特别漂亮。 2. 她的小脸红红的，十分可爱。
	我的习惯		1. 我喜欢听着音乐做作业。 2. 我周末常常跟哥哥一起爬山。
	我的兴趣		1. 我学会照相了！ 2. 我是 8 岁开始学画画儿的。
	拜访朋友		1. 这是我给你买的礼物。 2. 你该回去了吗？
2C	喜欢做的事	1. 给朋友写信聊聊近况。 2. 假设你正在旅行，请给你的朋友写一张旅行卡片。	1. 我晚上喜欢在家里看看电影、听听故事什么的。 2. 周末的时候，妈妈喜欢在家里做做饭、看看电视。
	描述外形		1. 我的好朋友有一米七高，黄头发，眼睛很亮。 2. 她腿很长，个子很高，喜欢穿球鞋。
	假日休闲		1. 虽然公园很远，但是我想骑车去，不想坐车去。 2. 这本书里的故事你都看懂了吗？
	我的特长		1. 我唱歌唱得很好。 2. 我的理想是当一名画家，所以我要努力练习画画儿。

词汇示例	语法点示例	文化点示例
菜、包、包子、米饭、洗、衣服		
看、电视、吃饭、常常		

词汇示例	语法点示例	文化点示例
假期、计划、打算、然后	1. 能愿动词：该、愿意 2. 动词重叠：AA 3. 形容词重叠：AA 4. 频率、重复副词：经常 5. 介词（引出目的、原因）：为$_1$ 6. 动态助词：过、着 7. 连谓短语 8. 固定短语：什么的 9. 固定格式：又……又…… 10. 结果补语 1 ：动词 + 错 / 懂 / 干净 / 好 / 会 / 清楚 / 完 11. 趋向补语 1：动词 + 来 / 去 12. 状态补语 1 ：动词 + 得 + 形容词性词语 13. 主谓句 3：名词谓语句 14. “有”字句 2：表示评价、达到 15. 比较句 3：A 跟 B 一样 / 相同 16. “是……的”句 1 ：强调时间、地点、方式、动作者 17. 承接复句：先……，再 / 然后…… 18. 转折复句：虽然……，但是 / 可是…… 19. 口语格式：要 / 快要 / 就要……了	1. 见面与告别时的礼节 2. 中国人姓名的表述方式 3. 中国的姓氏文化 4. 中国人过生日的传统习俗 5. 有关送礼的习俗与禁忌 6. 中国十二生肖及关于属相的传说 7. 中国的人口政策 8. 中国人的亲属称谓 9. 中国传统的家族观念
音乐会、感动、开心		
排球、网球、体育馆、球场、球队、明星、成为、当		
客人、交朋友、感到、热情、短信		
红、个子、脸、眼睛、漂亮		
习惯、运动、爬山、经常		
画家、画、画儿、照相、相机		
交朋友、礼物、接受、请客		
满意、舒服、故事		
球鞋、样子、腿、亮、难看		
骑车、公园、花园		
理想、努力、练习		

<table>
<tr><th colspan="4">3级</th></tr>
<tr><th colspan="2">话题示例</th><th>活动示例</th><th>语句示例</th></tr>
<tr><td rowspan="3">3A</td><td>家庭亲情</td><td rowspan="3">1. 说一说自己最难忘的经历。
2. 介绍一个你在网络上认识的朋友。</td><td>1. 妹妹害怕极了，不敢去。
2. 爸爸教我懂得了很多道理。</td></tr>
<tr><td>穿着打扮</td><td>1. 除了衬衣，我还喜欢那个牌子的裙子。
2. 要是能像她一样漂亮就好了。</td></tr>
<tr><td>休闲娱乐</td><td>1. 我一点儿也不喜欢看电视连续剧。
2. 妈妈做饭的时候，总是喜欢听音乐。</td></tr>
<tr><td rowspan="3">3B</td><td>同辈友情</td><td rowspan="3">1. 介绍一个你最好的朋友。
2. 两人一组，讨论一下你们眼中的健康的生活方式。</td><td>1. 我的好朋友性格很好，我们认识五年了。
2. 我们的感情越来越好。</td></tr>
<tr><td>饮食习惯</td><td>1. 你应该多吃水果，多喝水。
2. 什么茶我都喜欢。</td></tr>
<tr><td>休闲方式</td><td>1. 周末的时候他常常运动，不是跑步，就是游泳。
2. 他的歌好听是好听，就是有点儿难，我唱不好。</td></tr>
<tr><td rowspan="4">3C</td><td>立志</td><td rowspan="4">1. 写一篇小作文，介绍一下你的梦想。
2. 三人一组，分别扮演爸爸、妈妈和孩子，讨论一下周末的安排。</td><td>1. 我从小学的时候起就想学习中文。
2. 我坚持跳舞，已经跳了五年了。</td></tr>
<tr><td>我的梦想</td><td>1. 小时候努力学习，长大以后你才可能想当什么就当什么。
2. 你的愿望好是好，但是太完美了，恐怕实现不了。</td></tr>
<tr><td>家庭关系</td><td>1. 爸爸今天忙得很，不能跟我们去公园了。
2. 哥哥把我给他的结婚礼物放在办公室里了。</td></tr>
<tr><td>邻里友情</td><td>1. 为我们的选手加油吧！
2. 他们都很有爱心，经常相互帮助。
3. 大家一会儿唱歌一会儿跳舞，玩儿得很开心。</td></tr>
</table>

词汇示例	语法点示例	文化点示例
害怕、好奇、痛苦、伤心	1. 能愿动词：敢 2. 动宾式离合词 3. 疑问代词的非疑问用法（任指用法）：疑问代词 + 疑问代词 4. 频率、重复副词：总是 5. 方式副词：相互 6. 介词（表示排除）：除了 7. 固定格式：除了……（以外），……还 / 也 / 都……；从……起 8. 可能补语 1：动词 + 得 / 不 + 了 9. 程度补语 1：形容词 / 心理动词 + 得很 / 极了 / 死了 10. 数量补语 4（动词 + 时量补语）：表示动作持续的时间 11. 主谓句 4：主谓谓语句 12. "把"字句 1（表处置）：主语 + 把 + 宾语 + 动词 + 在 / 到 + 处所 13. 兼语句 1（表使令）：主语 + 叫 / 派 / 请 / 让…… + 宾语$_1$ + 动词 + 宾语$_2$ 14. 并列复句：一会儿……，一会儿…… 15. 选择复句：不是……，就是…… 16. 转折复句：……X 是 X，就是 / 不过…… 17. 假设复句：要是……，就…… 18. 用"一点儿也不……"表示强调 19. 用"是"强调	1. 见面与告别时的礼节 2. 中国人姓名的表述方式 3. 中国的姓氏文化 4. 中国人过生日的传统习俗 5. 有关送礼的习俗与禁忌 6. 中国十二生肖及关于属相的传说 7. 中国的人口政策 8. 中国人的亲属称谓 9. 中国传统的家族观念
衬衫、衬衣、短裤、服装、牌子、裙子、显得		
电视剧、连续剧、收音机		
感情、感受、强烈、情感、性格		
绿茶、咖啡、果汁、奶茶		
歌迷、歌手、话剧、互联网		
坚持、划船、跳舞		
愿望、完美、乐观		
父母、家属、结婚、亲人、幸福、子女		
爱心、房东、熟人、交流、交往		

中等（4~6 级）

<table>
<tr><th colspan="4">4 级</th></tr>
<tr><th>子主题</th><th>话题示例</th><th>活动示例</th><th>语句示例</th></tr>
<tr><td>个人信息</td><td>性格、
相貌、
体态</td><td rowspan="4">1. 同学之间互相介绍自己喜爱的明星，描述他/她的相貌与性格。
2. 调查班级同学的爱好。
3. 写一则寻人启事。
4. 姐姐要结婚了，你想在她的婚礼上说些什么？写一份婚礼致辞。</td><td>1. 他是个非常有趣的矮小的老头儿，孩子们都很喜欢听他讲故事。
2. 她总是大吃大喝，所以身材越来越差。
3. 医生说我体重太重了，现在说什么也得减肥了。</td></tr>
<tr><td>日程与爱好</td><td>喜爱的明星、
爱好表述、
活动筹划</td><td>1. 我们球队的水平一天比一天高。
2. 我是他的歌迷，不管他出什么唱片，我都想买。
3. 你不会连茶叶都不认识吧？</td></tr>
<tr><td>家庭关系</td><td>婚恋、
家庭生活模式、
家庭分工</td><td>1. 我是在叔叔的支持下，开始学习中文的。
2. 我向父母说出了自己的愿望，于是他们答应了我的请求。
3. 父亲在姐姐婚礼上说的话感动了所有的人。
4. 那一天我第一次觉得自己长大了，是一个大人了，也应该承担更多的家务了。</td></tr>
<tr><td>社区文化</td><td>称谓变迁、
社区设施、
社区服务</td><td>1. 这里盖起了一座购物中心，附近的居民都觉得生活更方便了。
2. 不是小伙伴们不想帮助你，而是大家实在帮不了。
3. 他是个多么好的朋友啊！在生活方面，一直爱护大家，关心大家。</td></tr>
</table>

<table>
<tr><th colspan="4">5 级</th></tr>
<tr><th>子主题</th><th>话题示例</th><th>活动示例</th><th>语句示例</th></tr>
<tr><td>个人信息</td><td>梦想、
特长、
相貌</td><td>1. 分享一件发生在你和邻居之间的有趣的事情。</td><td>1. 他可是这些小孩子中的“孩子王”，聪明大胆，主意也多，附近的小孩子们大都爱跟他玩儿。
2. 可怜的小女孩！她又冷又饿，哆哆嗦嗦地往前走，走着走着摔倒了。
3. 你拿定主意就尽管干吧！就算有再多的困难，我们大家都会支持你的。</td></tr>
</table>

词汇示例	语法点示例	文化点示例
矮小、身材、身高、表情、诚实、穿上、粗心、沉默、调皮、体重、袜子、外套、围巾、勇敢、勇气、梦想、前途、善良、保守、笨 采访、操场、茶叶、唱片、登山、动画片、方案、光盘、健身、零食、乐趣、拍照、善于、有趣、感兴趣 阿姨、宝宝、夫妇、夫妻、夫人、家务、权利、严格、义务、婚礼、姐妹、妻子、亲密、叔叔、孙女、孙子、童年、兄弟、兴趣、丈夫、约会 爱护、表扬、诚信、大哥、大姐、大妈、大爷、好友、伙伴、交际、居民、聚会、问候、赞赏、赞成、招呼、争论、祝福、看不起	1. 固定短语：大A大B 2. 固定格式：在……方面；在……上/下/中；一+量词+比+一+量词 3. 多项定语 4. 趋向补语3（表示结果意义）：动词+上/出/起/下 5. 并列复句：不是……，而是…… 6. 承接复句：……，于是…… 7. 条件复句：不管……，都/也…… 8. 用“连……也/都……”表示强调 9. 口语格式：说什么/怎么（着）也得X	1. 称谓的变迁 2. 中国当代社会父母与子女的关系现状 3. 中国人“望子成龙，望女成凤”的传统思想 4. 中国人的面子文化 5. 当代社区邻里关系 6. 互联网一代 7. 城市化 8. 中国各领域受欢迎的明星 9. 当代中国人的婚恋观念 10. 职业理想的变化

词汇示例	语法点示例	文化点示例
鼻子、聪明、打扮、大胆、胆小、风度、国籍、快活、真诚、浪漫、面貌、皮肤、神情、体力、西装、心态、修养、严肃、眼光、意志、幽默、皮鞋、高跟鞋、羽绒服	1. 范围副词：大都 2. 固定短语：A着A着；不敢当；用不着 3. 多项状语	

子主题	话题示例	活动示例	语句示例
日程与爱好	网络文化、传统文化、消遣方式	2. 介绍你与父母的相处模式，就合理的父母子女相处模式发表自己的意见。	1. 我常常上网，因为通过网络，不但可以和世界各地的朋友联系，而且还可以很方便地收集资料。 2. 他又玩儿上电脑游戏了，迷得不得了，怎么劝他都不听，妈妈拿他没办法，气得说不出话来。 3. 也许由于这里是大学城，音乐俱乐部和饭馆多得不得了，一到晚上，街上不时传来音乐声，空气中充满了各种菜的香味，十分热闹，和白天相比，简直是两个地方。
家庭关系	父母对孩子的期待、家庭结构模式、长幼关系	3. 调查一下你的同学们的消遣方式，做一个调查报告。	1. 兄弟姐妹之间吵归吵，闹归闹，但到底还是一家人。 2. 父亲一辈子从来没有骂过我们，更没打过。我总爱向父亲问些奇奇怪怪的问题，他不论多忙，对我的问题总是耐心地听，耐心地回答。 3. 姐姐告诉我，自从她自己有了孩子，她开始慢慢地理解父母的付出，也越来越希望能够报答他们。
社区文化	面子、邻里关系、礼让	4. 角色扮演：你跟同学发生了矛盾，你们通过沟通和平化解了。	1. 你这样说，我真是不敢当。 2. 没关系，有话可以直接说，用不着客气。 3. 邻居王阿姨一看到我和妈妈，就说起了她女儿考上大学的事儿，虽然我不想听，但是出于礼貌我只能站着听她说了。

6 级

子主题	话题示例	活动示例	语句示例
个人信息	性格、志向与追求、义务与责任	1. 列举你眼中的中国人的特点。	1. 她岁数不大，穿着一件黑色的外衣，个子虽不高，但她那坚定的神情让人觉得她可以战胜一切困难。 2. 她的性格里有一种宝贵的东西，她聪明、顽强，有坚定的追求，凡是定好的目标，她都非完成不可。 3. 她脸上带着笑容说："输了就输了，没有什么好难过的。"她的这种积极、乐观的精神把我们的战斗意志都带动了起来。

<table>
<tr><th>词汇示例</th><th>语法点示例</th><th>文化点示例</th></tr>
<tr><td>扮演、博览会、餐馆、大奖赛、俱乐部、钢琴、歌曲、射击、书法、戏剧、微博、休闲、羽毛球</td><td rowspan="3">4. 趋向补语 4（表示时间意义）：动词 + 上 / 起来
5. 程度补语 2：形容词 / 动词 + 得 + 不得了 / 慌 / 厉害
6. 状态补语 2：动词 / 形容词 + 得 + 短语
7. 比较句 5：跟……相比
8. 二重复句 1：单句 + 复句；复句 + 单句
9. 用副词“可”表示强调
10. 用“怎么都 / 也 + 不 / 没”表示强调
11. 口语格式：X 归 X，Y 归 Y
12. 句群</td><td rowspan="3">1. 称谓的变迁
2. 中国当代社会父母与子女的关系现状
3. 中国人“望子成龙，望女成凤”的传统思想
4. 中国人的面子文化
5. 当代社区邻里关系
6. 互联网一代
7. 城市化
8. 中国各领域受欢迎的明星
9. 当代中国人的婚恋观念
10. 职业理想的变化</td></tr>
<tr><td>安慰、报答、冲突、儿女、鼓励、关怀、恋爱、目光、耐心、舍不得、一辈子、尊敬</td></tr>
<tr><td>拜访、抱怨、邻居、面子、矛盾、群体、物业、社区、游泳池、祝贺、尊重、尊敬、遵守</td></tr>
</table>

词汇示例	语法点示例	文化点示例
背心、懒、名誉、情绪、时装、岁数、踏实、拖鞋、外衣、顽皮、笑容、心愿、信仰、意愿	1. 程度副词：特 2. 关联副词：便 3. 连词（连接词或词组）：而$_2$ 4. 固定短语：无 A 无 B 5. 固定格式：A 一 + 量词，B 一 + 量词	1. 称谓的变迁 2. 中国当代社会父母与子女的关系现状 3. 中国人“望子成龙，望女成凤”的传统思想

子主题	话题示例	活动示例	语句示例
日程与爱好	高雅爱好、不良嗜好、作息习惯	2. 与同伴讨论长大后应该承担哪些家庭责任。 3. 调查你的父母和同学对某个禁忌的看法，了解禁忌文化的发展变化，并谈谈你的看法。 4. 角色扮演：你的朋友有不良嗜好，你去劝他改正。	1. 让生活有趣的方式之一是：培养一些兴趣爱好，比如绘画、舞蹈。兴趣广泛的人，就算总是一个人待着，也很少会感到无聊。 2. 她喜欢流行歌曲，也喜欢戏曲，身边的人都觉得她应该去做歌星，但她更愿意当一名教师。把自己的音乐知识教给孩子们，是让她感觉最幸福的事。
家庭关系	亲戚关系、家务分工、养老		1. 今天是奶奶的生日，我们全家人一起床就忙了起来。有打扫卫生的，有为中午的大餐做准备的，有去超市采购水果的。 2. 妈妈无时无刻不想着在国外留学的孩子。 3. 他考上了大学，家里弟弟妹妹上学还要花不少钱，所以他从大学一年级便开始自己打工挣生活费。
社区文化	城市化、（租）住房、禁忌		1. 在邻居们的热心帮助下，我的小狗终于找到了。 2. 爷爷是个热心人，退休以后总是帮邻居们的忙，时而帮人取快递，时而帮人去学校接孩子，他的日子快乐而有意义。 3. 他不喜欢住在城里，一个楼挨着一个楼。他特怀念以前的日子，住在村庄里，每天都能和小伙伴一起躺在草地上，你一句、我一句地聊天儿，看星星。

高等（7~9级）

子主题	话题示例	活动示例	语句示例
个人信息	性格、相貌、品德、志向	1. 对比你和父母的审美差异。	1. 爸爸执行计划一丝不苟。比如他的家务计划规定，每天早晚开关气窗，纵然外面打雷下雨，雨水打湿了床，他也是先关气窗后关门窗。 2. 我突然注意到他脸上的表情，因傲慢而变得那么丑陋，那么粗鲁。

词汇示例	语法点示例	文化点示例
宠物、动画、歌星、绘画、假日、开夜车、圣诞节、收藏、娃娃、文娱、舞蹈、戏曲、影星、娱乐、乐曲、游戏机 父女、父子、姑姑、孤儿、关爱、母女、母子、亲属、养老、祖父、祖母 挨着、城区、城镇、村庄、大街、道歉、犯罪、恩人、发怒、愤怒、捐赠、捐助、聊天儿、送礼、支援、座谈会	6. 趋向补语 5（表示状态意义）：动词 / 形容词 + 下来 / 下去 / 起来 / 过去 7. “把”字句 4（表致使）：主语（非生物体）+ 把 + 宾语 + 动词 + 其他成分 8. 并列复句：时而……，时而…… 9. 转折复句：虽……，但 / 可 / 却 / 也…… 10. 条件复句：凡是……，都…… 11. 让步复句：就算 / 就是……也…… 12. 二重复句 2：复句 + 复句 13. 用“非……不可”表示强调 14. 口语格式：X 了就 X 了，（没）有…… 15. 句群	4. 中国人的面子文化 5. 当代社区邻里关系 6. 互联网一代 7. 城市化 8. 中国各领域受欢迎的明星 9. 当代中国人的婚恋观念 10. 职业理想的变化

词汇示例	语法点示例	文化点示例
爱面子、傲慢、抱负、暴躁、悲观、本性、标致、彬彬有礼、才华、诚恳、丑陋、穿着、纯朴、粗鲁、发脾气、风趣、丰满、	1. 结构助词：之 2. 短语：数词 + 量词 + 抽象事物 3. 固定短语：总而言之 / 总的来说 4. 固定格式：因……而……	1. 修身、齐家、治国、平天下的观念 2. 传统忠孝思想 3. 尊老爱幼的传统 4. 婚丧嫁娶习俗

子主题	话题示例	活动示例	语句示例
个人信息		2. 说一说父母亲情对你的影响。 3. 辩论赛：家庭因素在个人性格塑造中能否起到决定性作用？ 4. 在班级内举办一场中国文化节。	3. 为了实现梦想，他宁愿吃苦受累，也要坚持下去。
日程与爱好	个人嗜好、时尚意识与审美、忌讳与迷信		1. 我每天一放下书包，就奔向图书馆，那里所有的文艺书籍，我差不多都借阅了，以至于一时找不到书看。图书馆里的叔叔说："你比书虫还书虫。" 2. 说实话，我之所以是我哥的粉丝，是因为每次听他侃大山，我都觉得很过瘾。
家庭关系	对父母亲情等的深层理解、家教出身、婚丧嫁娶		1. 父亲很理解我恋恋不舍的心情，他没有批评我，而是回家后就给我做了一个万花筒，那是我童年唯一的也是最珍贵的玩具。 2. 母亲回家时我别提多难过了，不知怎么的，眼泪止不住地往下流，这是我第一次真正心酸的哭，与在家里时撒娇之哭、发脾气之哭、打架之哭都不大一样。 3. 姐姐订婚了，她找了一个门当户对的男朋友，两个人在一起是那么的温馨甜蜜，亲朋好友们纷纷祝福他们。 4. 夜幕降临时，大家便团团围坐在圆桌前。长辈们开始祈祷、祝酒，而小孩子们则吃个不停。
社区文化	拜年、某地域人群的特点、乡土情结、社保制度		1. 男人们午前到亲戚家、朋友家拜年，女人们在家接待客人。城内城外许多寺院都在举办庙会，小贩们在庙外摆摊卖茶、食品和各种玩具。总而言之，热闹无比。 2. 傣族有个风俗：一家盖楼，全村帮忙。倘若有新楼落成，还会举行"架竹楼"仪式，这时候全村子的人蜂拥而至，喜气洋洋，像过节一样热闹。 3. 维吾尔族的姑娘小伙儿不仅漂亮，而且在歌舞方面，个个都有一身本领。歌舞已经成了他们生活中不可缺少的一部分。

<table>
<tr><th>词汇示例</th><th>语法点示例</th><th>文化点示例</th></tr>
<tr><td>浮躁、害羞、厚道、化妆、健壮、口音、宽厚、马虎、苗条、品德、坦率、性情、友善</td><td rowspan="4">5. 状态补语 3：“个”引导的补语
6. 比较句 6：A + 比 + 名词 + 还 + 名词
7. 选择复句：宁可 / 宁愿……，也……
8. 转折复句：……，而……（则）……
9. 假设复句：倘若 / 若……，……
10. 因果复句：……，以至于……；之所以……，是因为 / 是由于……
11. 让步复句：纵然……，也……
12. 多重复句：三重或三重以上的复句
13. 口语格式：别提（有）多 X 了；不知 X 的
14. 句群</td><td rowspan="4">5. “年”文化及传统
6. 忌讳与迷信
7. 不同地域的文化特点
8. 乡土情结
9. 集体观念
10. 男女平等
11. 社保制度</td></tr>
<tr><td>爱不释手、熬夜、巴不得、半途而废、不亦乐乎、痴迷、筹划、过瘾、忌讳、戒烟、尽情、剧院、爵士、侃大山、看中、迷恋、上瘾、特长</td></tr>
<tr><td>伴侣、操心、成家、订婚、福气、抚养、告诫、和睦、怀孕、家教、家境、继母、娇惯、门当户对、蜜月、亲朋好友、亲戚、亲情、娶、双胞胎、私房钱、体贴、甜蜜、晚年、温馨、喜糖、葬礼、长辈、主妇、祖传</td></tr>
<tr><td>八卦、吹捧、嘲笑、吵嘴、鄙视、拜见、拜年、不辞而别、不以为然、惭愧、乘人之危、耻笑、出风头、打交道、妒忌、反驳、反感、绯闻、诽谤、恭维、沽名钓誉、讥笑、交情、敬礼、久仰、宽恕、名声、社团、声誉、说闲话</td></tr>
</table>

主题二：学习与工作

初等（1~3级）

初等阶段学习与工作主题涉及学校生活、教育与未来、日常工作、职业规划四个子主题。

1级			
话题示例		活动示例	语句示例
1A	我的班级	1. 调查本年级或本班级学生学习的基本情况。 2. 相互介绍父母等家庭成员的职业。	1. 你们班有多少个学生？ 2. 谁是我们班的老师？
	我的课程		1. 我早上八点有课，下午三点没有课。 2. 星期六我们没有课。
	我的老师		1. 他是一班的老师吗？ 2. 他不是我们班的老师，他是三班的老师。
	父母的职业		1. 我爸爸是工人。 2. 你妈妈是老师还是医生？
1B	学校生活	1. 介绍自己的学校生活。 2. 看图片说出自己常用的学习用品。	1. 我们八点上课。 2. 她们下午去学校。
	学校的科目		1. 今天的中文课不难。 2. 星期三的中文课很多。
	学习用品		1. 她有两本书。 2. 我买了三个本子。
1C	我的学校	1. 绘制一幅地图，按方位介绍学校及周边的情况。 2. 制作一张课程表并向同学或组员展示。	1. 教学楼的北边是图书馆。 2. 我们小学的南边有一个车站。
	周末活动		1. 我星期六有外语课。 2. 他不喜欢打球了。
	上班与下班		1. 妈妈怎么去上班？ 2. 爸爸几点下班？

<table>
<tr><th colspan="3"></th></tr>
<tr><th>词汇示例</th><th>语法点示例</th><th>文化点示例</th></tr>
<tr><td>同学、班、学生、老师</td><td rowspan="10">1. 方位名词：南、北
2. 疑问代词：多少、几、谁、怎么
3. 人称代词：我、你、他、她、我们、你们、她们
4. 否定副词：不、没有
5. 结构助词：的$_1$
6. 动态助词：了$_1$
7. 语气助词：了$_2$
8. 数量短语作定语
9. 表示时间、处所的词语作状语
10. 主谓句 1：动词谓语句
11. 疑问句：选择问句
12. “是”字句：
（1）表示等同或类属
（2）表示存在
13. “有”字句 1：
（1）表示领有
（2）表示存在
14. 并列复句：不用关联词语
15. 时间表示法
16. 用“吗”提问</td><td rowspan="10">1. 中国学校的设置
2. 中国中小学课程设置
3. 中国中小学的作息时间和主要校园活动
4. 中国中小学生课堂学习和课外活动的内容和特点
5. 中国中小学校园称呼的礼貌用语和使用场合
6. 中国中小学校园打招呼 / 感谢 / 告别的礼貌用语
7. 中国中小学生的学生守则
8. 中国好学生的标准
9. 中国中小学生校园着装规范
10. 中国中小学的学习资源和设施
11. 中国中小学生的学习计划和学业规划
12. 中国的职业分类
13. 中国学生的未来规划
14. 家庭成员的日常工作情况</td></tr>
<tr><td>课、书、本子</td></tr>
<tr><td>放学、放假、上学</td></tr>
<tr><td>工人、老师、医生、工作</td></tr>
<tr><td>学校、学习、读书、上课、下课</td></tr>
<tr><td>中文、汉语、汉字</td></tr>
<tr><td>书、本子、电脑</td></tr>
<tr><td>小学、小学生、教学楼、图书馆</td></tr>
<tr><td>外语、打球、唱歌</td></tr>
<tr><td>上班、下班、开会、请假</td></tr>
</table>

2 级

话题示例		活动示例	语句示例
2A	学校的一天	1. 了解班级同学最喜欢的课程及原因。 2. 用照片记录并简要介绍父母的工作日程。	1. 吃完午饭以后，我们去教室做作业吧。 2. 学生午睡时，老师开门出去了。
	喜欢的课程		1. 音乐课比英语课有意思。 2. 体育课比音乐课多一些。
	工作日程		1. 妈妈打算先去接同事，然后跟她一起去公司。 2. 爸爸先送我到学校，然后去办公室工作。
2B	学习资源	1. 分享并简要介绍自己常用的学习资源。 2. 调查不同年级最受学生喜爱的课外活动。	1. 我想买一本中文字典或者词典。 2. 你可以查一查网站或者词典。
	学习成绩		1. 我的中文水平越来越高。 2. 妈妈对我的学习成绩越来越满意。
	课外活动		1. 春天的时候，我们常常一起爬山。 2. 因为明天有考试，所以他今天不想打网球了。
2C	向老师请假	1. 介绍并演示不同情况下，如何跟老师请假。 2. 制订暑期计划，并制作一份计划表。	1. 爷爷忽然生病住院了，我想请假去医院。 2. 你怎么老是请假？
	学校的校历		1. 我们学校是不是八月三十一号开学？ 2. 新学期要有中文课了，是不是？
	假期安排		1. 这个假期我计划先跟爸爸妈妈一起去旅游，然后再去学中文。 2. 他一直想学打网球，正好我也想学，我们打算假期一起学。

3 级

话题示例		活动示例	语句示例
3A	我的考试	1. 给你的好朋友写信介绍你中文学习中的难点，并请他给出学习建议。	1. 这次的听力考试难极了。 2. 这次考试的作文话题有意思得很。
	学习难点		1. 除了中文写作，别的都不难。 2. 除了文字，词语也比较难。

词汇示例	语法点示例	文化点示例
午睡、教室、作业	1. 动词重叠：A 一 A 2. 时间副词：忽然 3. 频率、重复副词：老是 4. 语气副词：正好 5. 介词（引出对象）：对 6. 连词（连接词或短语）：或者 7. 固定短语：越来越 8. 固定格式：（在）……以前 / 以后 / 前 / 后 9. 数量补语 2：形容词 + 数量补语 10. 连动句 1：表示前后动作先后发生 11. 比较句 2：A 比 B + 形容词 + 数量补语 12. 承接复句：先……，再 / 然后…… 13. 因果复句：因为……，所以…… 14. 用“是不是”提问	1. 中国学校的设置 2. 中国中小学课程设置 3. 中国中小学的作息时间和主要校园活动 4. 中国中小学生课堂学习和课外活动的内容和特点 5. 中国中小学校园称呼的礼貌用语和使用场合 6. 中国中小学校园打招呼 / 感谢 / 告别的礼貌用语 7. 中国中小学生的学生守则 8. 中国好学生的标准 9. 中国中小学生校园着装规范 10. 中国中小学的学习资源和设施 11. 中国中小学生的学习计划和学业规划 12. 中国的职业分类 13. 中国学生的未来规划 14. 家庭成员的日常工作情况
英语、音乐、体育、有意思		
同事、公司、办公室、打工、经理		
网站、词典、字典、计算机		
成绩、水平、不满、不错		
爬山、网球、排球		
出国、旅游、住院、出院		
开学、学期、假期		
活动、计划、打工		

词汇示例	语法点示例	文化点示例
话题、写作、听力、题目	1. 能愿动词：需要 2. 疑问代词的非疑问用法（任指用法）：疑问代词 + 都 3. 指示代词：任何 4. 程度副词：比较	1. 中国学校的设置 2. 中国中小学课程设置 3. 中国中小学的作息时间和主要校园活动
单元、教材、文字		

话题示例		活动示例	语句示例
3A	我的同学	2. 描述同学的外表、性格和爱好等特点，请全班同学猜所描述的是谁。	1. 照片上的这个人看上去很精神。 2. 他看上去不像是中国人。
3B	个人成就	1. 选取一位你最崇拜的人，介绍他的个人成就。 2. 和家人、朋友交流未来的升学打算。	1. 谁都希望成功，因此我们需要更加努力。 2. 他的成果得到了大家的认可。
	我的理想		1. 我要向爸爸学习，长大后也成为一名好警察。 2. 我的目标是向教练学习，带领球队取得胜利。
	升学打算		1. 我觉得留学一方面可以学习新的知识，另一方面可以体验不同的文化。 2. 任何专业都有优点和缺点，你不能仅仅听了别人的建议就做决定。
3C	实习活动	1. 两人一组，模仿父母的工作场景表演对话。 2. 介绍自己未来一年的计划。	1. 我们首先要把现在的工作做完，然后才能计划新的目标。 2. 我今天的任务是把一排一排的书架整理好。
	办公室工作		1. 爸爸在公司负责文件管理工件。 2. 再给妈妈一周时间，她负责的工作也做不完。
	未来计划		1. 从现在起，我要努力训练，争取进入学校足球队。 2. 从明年起，她就要去欧洲学习表演了。

中等（4~6 级）

4 级			
子主题	话题示例	活动示例	语句示例
学校生活	学校设施、考试、课程、学习工具	1. 描述自己学校的学习和生活环境、课内与课外活动。	1. 操场上走过来一个人。 2. 根据我对这个学校的了解，这里的教师都非常优秀。 3. 学校南门外有一家书店，我有时会去那里买书。 4. 考试即将结束，看来小王、小李以及另外三名同学是写不完了。

词汇示例	语法点示例	文化点示例
精神、紧张、成熟、华人	5. 范围、协同副词：仅仅 6. 介词（表示排除）：除了 7. 连词（连接分句或句子）：因此 8. 数量重叠：数词 + 量词 + 数词 + 量词 9. 固定短语：看上去 10. 固定格式：从……起 11. 可能补语 1 ：动词 + 得 / 不 + 动词 / 形容词 12. 程度补语 1 ：形容词 / 心理动词 + 得很 / 极了 / 死了 13. “把”字句 1（表处置）：主语 + 把 + 宾语 + 动词 + 结果补语 / 趋向补语 / 状态补语 14. 并列复句：一方面……，另一方面……	4. 中国中小学生课堂学习和课外活动的内容和特点 5. 中国中小学校园称呼的礼貌用语和使用场合 6. 中国中小学校园打招呼 / 感谢 / 告别的礼貌用语 7. 中国中小学生的学生守则 8. 中国好学生的标准 9. 中国中小学生校园着装规范 10. 中国中小学的学习资源和设施 11. 中国中小学生的学习计划和学业规划 12. 中国的职业分类 13. 中国学生的未来规划 14. 家庭成员的日常工作情况
成果、发展、认可		
警察、目标、教练		
留学、报到、专业、就业		
负责、目标、安排		
管理、文件、部门		
训练、争取、表演、本事		

词汇示例	语法点示例	文化点示例
操场、食堂、购物、耳机、试卷、优秀、良好、及格、阅读、填空、选择、抄写	1. 程度副词：极其 2. 频率、重复副词：一再、再三 3. 语气副词：的确 4. 介词（引出凭借、依据）：根据 5. 固定短语：看来	1. 中国基础教育和义务教育概况 2. 中国基础教育和义务教育的主要内容 3. 中国基础教育和义务教育的培养对象与目标 4. 中国基础教育和义务教育的课程标准

子主题	话题示例	活动示例	语句示例
教育与未来	学历、 学科、 校外学习、 未来计划	2. 与同伴讨论各自对学习和教育的看法。 3. 上网搜索一个自己感兴趣的职位信息，记录工作内容、工资等情况。 4. 搜集不同行业成功人士的案例，谈谈对你的启发和鼓励。	1. 在读研究生这件事情上，我们不会不支持你的。 2. 假如有什么问题需要了解，请用电子邮件或打电话跟我联系。 3. 我的确对历史极其感兴趣。 4. 老师再三强调中文水平考试很重要。
日常工作	职业、 薪资待遇、 加班、 职位变动		1. 不管谁当导游，都不会让你们失望。 2. 他姐姐不喜欢那个工作，于是离开了那家公司。 3. 你的简历写着你会中文，看来你中文不错，对吗？ 4. 百分之九十的员工都参加了公司的活动，经理却没有来。
职业规划	职业发展、 能力培养、 行业趋势		1. 我想采访一些不同行业的人，好听听他们的看法。 2. 他一再告诉姐姐要是她不能接受现在企业的文化，可以考虑换一个工作。 3. 一个企业是否成功，要看二十年、三十年甚至更长时间的发展情况。 4. 他把辞职的问题想复杂了。

5级

子主题	话题示例	活动示例	语句示例
学校生活	课程、 设施、 学习工具和资源、 课外活动	1. 小组交流自己最喜欢的课程，简单对比不同课程学习方法的异同。	1. 尽管老师不赞成我的观点，但是他还是尊重了我的决定。 2. 这个电子词典的查询功能可好了！ 3. 我们一直在根据考试大纲复习。 4. 他在中文比赛中得了冠军，父母乐得嘴都合不上了。
教育与未来	学历、 学科、 校外学习		1. 他要在中国继续学下去，将来想去北京大学读本科、硕士和博士。

词汇示例	语法点示例	文化点示例
本科、研究生、历史、医学、答案、未来、毕业、毕业生、申请、失业	6. 固定格式：在……上 / 下 / 中 7. 主谓短语作主语 8. 存现句 2（表示出现）：处所词 + 动词 + 趋向补语 / 结果补语 + 动态助词（了）+ 数量短语 + 人 / 物 9. 承接复句：……，于是…… 10. 假设复句: 假如……, (就)…… 11. 条件复句：不管……，都 / 也…… 12. 目的复句：……，好…… 13. 小数、分数、百分数、倍数的表示法 14. 用双重否定表示强调	5. 中国基础教育和义务教育的毕业标准 6. 中国基础教育在课程、考试、升学等方面的特点 7. 中国义务教育的特点和学校的培养标准 8. 中国校园礼仪与行为规范 9. 中国职场用语要求与特点 10. 职场中文的礼貌用语 11. 中国职场的工作环境 12. 中国不同行业的就业前景 13. 中国职场的职业分类特点 14. 中国职场的薪金待遇
导游、法官、护士、加班、简历、会计、利益、律师、秘书、模特儿、收益、销售、培训、失业、外交官、待遇		
行业、破产、企业、趋势、商务、项目、机遇、梦想、培养、前途、投资		

词汇示例	语法点示例	文化点示例
打包、大厅、背包、查询、视频、辞典、钢笔、大纲、电子版、二维码、大奖赛、博客、钢琴、歌曲、冠军	1. 程度副词：可$_1$ 3. 时间副词：将 3. 频率、重复副词：偶尔 4. 介词（引出凭借、依据）：凭 5. 助词：也好 6. 固定短语：A 来 A 去；不得了 7. 固定格式：在……看来 8. 趋向补语 4（表示时间意义）：动词 + 下去 / 下来	1. 中国基础教育和义务教育概况 2. 中国基础教育和义务教育的主要内容 3. 中国基础教育和义务教育的培养对象与目标 4. 中国基础教育和义务教育的课程标准
硕士、博士、书法、摄影、摄像、羽毛球、博物馆、		

子主题	话题示例	活动示例	语句示例
教育与未来		2. 描述自己的长期、中期与近期学业规划。 3. 假设你是一名校长，你要为你的学校做些什么？请制订一个详细的规划。	2. 让同学们在现场亲自体验一下中国书法也好。 3. 他们虽然是医学专业的学生，但是不经常做实验，只是偶尔才会做。 4. 硕士毕业之后，同学们大都申请了博士研究生。
日常工作	职业、 职务、 工作任务、 福利保障、 工作奖惩		1. 明年他父亲将去考察中国市场。 2. 她姐姐是一位著名摄影师，忙得不得了，经常在世界各地飞来飞去。 3. 她按时完成了任务，因而受到了公司的奖励。 4. 依照公司的规定要提前请假，你怎么把这件事忘了？
职业规划	求职技能、 职业生涯规划、 就业前景		1. 在我看来，多学一门语言也好，将来可以凭此找份工作。 2. 短短两年的时间，我实习的那家公司对中国的贸易就有了很大的发展，真是不得了！ 3. A：我长大以后想跟中国做贸易。 B：对，跟其他国家相比，中国的机会更多。 4. 刚毕业的学生要充满信心，尽管刚开始会遇到一些困难，但是坚持下去一定能成功。

6级

子主题	话题示例	活动示例	语句示例
学校生活	教学设施、 学习工具和资源、 课程、 考试、 校历	1. 采访一个同伴，了解他/她的学校生活情况及其对未来的规划。	1. 这个教室的多媒体设备有故障，正在修理，你们非要现在用这个教室不可吗？ 2. 这张课程表上凡是专业课都是必修的。 3. 我觉得你选的这个专业前景不错，至于报考哪一所学校，我们再商量一下吧。 4. 他期末考试考得不怎么样，得参加补考。
教育与未来	学科、 学历、 校外学习		1. 大家要认真对待中文口语考试，要不然会影响毕业的。 2. 他还得坐公交去补习班上课，所以一下课便赶紧去车站了。

词汇示例	语法点示例	文化点示例
辞典、大纲、冠军、祝贺、资助、注册、专利、招生、阅览室	9. 程度补语 2：形容词 / 动词 + 得 + 不得了 / 慌 / 厉害 10. “把”字句 3（表处置）：主语 + 把 + 宾语 + 动词 + 了 11. 比较句 5：跟……相比 12. 转折复句：尽管……，但是 / 可是…… 13. 因果复句：……，因而……	5. 中国基础教育和义务教育的毕业标准 6. 中国基础教育在课程、考试、升学等方面的特点 7. 中国义务教育的特点和学校的培养标准 8. 中国校园礼仪与行为规范 9. 中国职场用语要求与特点 10. 职场中文的礼貌用语 11. 中国职场的工作环境 12. 中国不同行业的就业前景 13. 中国职场的职业分类特点 14. 中国职场的薪金待遇
编辑、裁判、厂长、辞职、福利、采购、代理、调动、扮演、奖励、竞争、消防、业务、负责人、顾问、局长、军人、利润、上级、摄影师、学者、职能、职位、职务、主管、助理、助手、总裁		
集团、出版、餐饮、贸易、期望、前景、规划、热门、信念、设想、创立、启动、预期、增强		

词汇示例	语法点示例	文化点示例
智慧、办学、厕所、盗版、补助、打印机、多媒体、必修、中等、报考、补考、笔试、长假	1. 类前缀：反－ 2. 程度副词：特 3. 范围、协同副词：尽 4. 时间副词：早晚 5. 关联副词：便 6. 情态副词：仿佛 7. 介词（引出对象）：至于 8. 介词（引出目的、原因）：因	1. 中国基础教育和义务教育概况 2. 中国基础教育和义务教育的主要内容 3. 中国基础教育和义务教育的培养对象与目标 4. 中国基础教育和义务教育的课程标准 5. 中国基础教育和义务教育的毕业标准
法语、机械、传媒、初等、补习、补课、舞蹈、平台、调研、报考、参展、参赛、编制、高考、大赛、讲课、好学		

子主题	话题示例	活动示例	语句示例
教育与未来		2. 学校某社团要招募一名社长助理，你前去应聘，请以应聘者身份陈述个人简历。 3. 班级辩论赛：想要做好一份工作，工作能力和工作态度哪个更重要？	3. 这个网络学习平台不但不方便，反而给我们添了不少麻烦，起到了反作用。
日常工作	职业、 职务、 工作安排、 择业标准、 工作体会		1. 大卫今天特生气，因为他今天第一天上班，不料却因堵车迟到了。 2. 他一工作起来仿佛就不知道什么是累，快提醒他休息一下吧。 3. 如果你把太多时间都花在打工上，早晚会影响学习成绩，甚至会影响你以后就业。
职业规划	创业、 行业更迭、 职业阶层		1. 说来说去，你就是嫌分配给你的尽是基础性工作。 2. 我的父母都是蓝领，他们都希望我好好读书，以便在信息时代找到更好的出路。 3. 据我所知，王先生是当地著名企业家，在行业内很有地位，他为了这个项目而努力了很久。

高等（7~9 级）

子主题	话题示例	活动示例	语句示例
学校生活	教学设施、 学习工具和资源、 考试、 校历、 课外活动	1. 辩论赛：小学生应不应该参加课外辅导？ 2. 演讲比赛：主题如“文明礼仪在校园”“青春与梦想同行”。	1. 学费的缴纳方式是多种多样的，或是现金付款，或是扫码付款，都很方便，唯独不能使用支票。 2. 那家校园超市，别说零售了，连批发都可以，同学们的生活真是越来越方便了。 3. A：下周就要听力考试了，无论如何我都要买一副耳机，你说，哪种更好呢？ B：我看这种比那种好，可以参加听力考试用，也可以听音乐，还可以录音，比较方便。 4. 学校的考场纪律向来是非常严格的，虽说上次的处罚并不是特别重，不过从那以后他再也不敢作弊了。

<table>
<tr><th>词汇示例</th><th>语法点示例</th><th>文化点示例</th></tr>
<tr><td></td><td rowspan="3">9. 连词（连接分句或句子）：不料
10. 结构助词：所
11. 固定短语：不怎么样
12. 固定格式：为了……而……
13. 递进复句：不但不 / 不但没有……，反而……
14. 假设复句：……，要不然 / 不然……
15. 条件复句：凡是……，都……
16. 用“非……不可”表示强调
17. 口语格式：X 来 X 去，都是 / 就是……</td><td rowspan="3">6. 中国基础教育在课程、考试、升学等方面的特点
7. 中国义务教育的特点和学校的培养标准
8. 中国校园礼仪与行为规范
9. 中国职场用语要求与特点
10. 职场中文的礼貌用语
11. 中国职场的工作环境
12. 中国不同行业的就业前景
13. 中国职场的职业分类特点
14. 中国职场的薪金待遇</td></tr>
<tr><td>罢工、办公、补助、策划、厨师、处长、船员、船长、大使、发言人、分工、飞行员、岗位、高层、公安、海军、民工、民警、清洁工、求职、写字楼、宇航员、招聘、职责、总部、总经理、总监、上班族</td></tr>
<tr><td>长远、创办、创建、出路、打造、革新、决策、工商、金融、白领、重组、蓝领、上市、赚钱、传媒</td></tr>
</table>

词汇示例	语法点示例	文化点示例
备课、颁奖、打招呼、多功能、便利店、付费、付款、零花钱、零钱、勤工俭学、扫描、流量、百科全书、浏览器、服务器、磁带、磁盘、错别字、繁体字、名言、名著、倒计时、作弊、测验、编号、评委、百分比、冲刺、垫底、答辩、标语、丰富多彩、露天、旅程、旅途、路途	1. 指示代词：该 2. 程度副词：稍稍 3. 范围、协同副词：唯独 4. 时间副词：向来 5. 频率、重复副词：再度 6. 否定副词：未 7. 方式副词：一连 8. 情态副词：按说 9. 语气副词：无非 10. 介词（引出凭借、依据）：趁	1. 中国高等教育概况 2. 中国的教育教学理念 3. 中国中高等教育的人才培养特点 4. 中国中高等教育的办学理念与特点 5. 中国教育改革的创新 6. 中国教育的未来发展方向 7. 中国人的职业选择偏好

<table>
<tr><th>子主题</th><th>话题示例</th><th>活动示例</th><th>语句示例</th></tr>
<tr><td>教育与未来</td><td>学历、
学科、
校外学习、
未来计划</td><td rowspan="3">3. 调查同龄人最向往的职业排名，并解释原因。
4. 以小组为单位，交流什么样的工作才是有意义的工作。介绍一下你想通过工作为自己、他人和社会创造什么价值。</td><td>1. 虽然他的中国概况课成绩很好，但他起初并不喜欢这门课，后来才慢慢地产生了兴趣，并由喜爱变成了热爱。
2. 在学校的时候我每周一连三天都有中文课，毕业之后我打算找一位中国朋友给我辅导，这样我就能继续学习中文了。
3. 按说平时的学习任务已经很繁重了，但他还是在坚持上朗诵辅导班，从未放弃。
4. 打乒乓球不仅没有影响我的学习，反倒让我在学习时更有精神。</td></tr>
<tr><td>日常工作</td><td>职业、
职务、
工作安排、
人事变动、
工作总结、
兼职、
奖励分红</td><td>1. 多劳多得，少劳少得，不劳不得。总而言之，努力和成就是密不可分的。趁年轻，你应该多尝试。
2. 鉴于爸爸在教学和科研中表现突出，学校批准他由讲师破格晋升为副教授。
3. 她因为专业能力很不错，工作态度也很端正，是个很好的工作伙伴，再度被评为优秀员工。
4. 三个月的试用期结束了，姐姐终于成为该公司的正式员工，可以稍稍松口气了。</td></tr>
<tr><td>职业规划</td><td>行业分类、
远景蓝图、
智能科技、
企业精神</td><td>1. 很多人想要的无非是一份稳定的工作。其实很多时候是否稳定，在于个人的努力。如果不努力拼搏，时间久了就有可能被淘汰。
2. 经理之所以成为每个员工的榜样，是因为他能够以身作则，不怕艰苦，总是忙个不停。
3. 他总说要经商，幻想做房地产生意，或者开个高新技术公司，做人工智能什么的，却要本事没本事，要胆子没胆子，因此不为人所信任。
4. 我们观察处理问题，要一面从大处着眼，一面从小处着手。</td></tr>
</table>

词汇示例	语法点示例	文化点示例
攻读、导师、民办、雕刻、雕塑、财经、阿拉伯语、俄语、远程、能源、水利、地质、风貌、辐射、浮力、封建、人文、副作用、观测、观摩、概况、概论、麻醉、轮廓、农作物、辅导、朗诵、国画、乒乓球、棒球、求学、参军	11. 固定短语：无论如何；总的来说 / 总而言之 12. 状态补语 3：“个”引导的补语 13. 被动句 5：为……所…… 14. 并列复句：一面……，一面…… 15. 承接复句：起初……，……才…… 16. 递进复句：别说……，连……也 / 都…… 17. 选择复句：或……，或…… 18. 转折复句：……，……倒 / 反倒…… 19. 因果复句：鉴于……，……；之所以……，是因为 / 是由于…… 20. 让步复句：虽说……，但是 / 可是 / 不过…… 21. 格式：要 X 有 / 没 X，要 Y 有 / 没 Y	8. 中国人职业价值观的转变 9. 中国人的职场礼节和得体行为 10. 中国人求职方式和招聘应聘等方面的特点 11. 中国职场中的企业精神和企业文化
创始人、辞退、辞呈、辞去、董事长、多劳多得、分红、干部、工作量、公积金、公务、公职、雇主、离职、理事、雇员、兼职、建筑师、晋升、年薪、疲劳、聘用、人事、上司、试用期、下属、业绩、夜班、应酬、应聘、主编		
榜样、抱负、采矿、成才、出版社、房地产、高新技术、工商界、构想、家政、经商、励志、拼搏、期盼、人工智能、外企、演艺圈、做生意		

主题三：社会与生活

初等（1~3 级）

初等阶段社会与生活主题涉及日常生活、休闲娱乐、社会交往三个子主题。

<table>
<tr><th colspan="4">1 级</th></tr>
<tr><th colspan="2">话题示例</th><th>活动示例</th><th>语句示例</th></tr>
<tr><td rowspan="4">1A</td><td>描述事物性状</td><td rowspan="4">1. 采访同学一天的菜单。
2. 两人一组互相询问对方去哪儿。</td><td>1. 这个房间很大。
2. A：水热吗？ B：不热。</td></tr>
<tr><td>一日三餐</td><td>1. 今天的早饭有牛奶和面包。
2. 午饭你吃了什么菜？</td></tr>
<tr><td>日常出行</td><td>1. A：你去哪儿？ B：我回家。
2. 他病了，去医院了。</td></tr>
<tr><td>礼貌用语</td><td>1. A：对不起！ B：没关系！
2. A：谢谢你！ B：不客气！</td></tr>
<tr><td rowspan="4">1B</td><td>住所地址</td><td rowspan="4">1. 画出学校或社区的地图并介绍其中的地点。
2. 邀请同学周末一起玩儿。</td><td>1. A：你住在哪儿？ B：我住在北京。
2. 我家在 6 号楼 1105 房间。</td></tr>
<tr><td>方位和方向</td><td>1. 我家的前边有一个电影院。
2. 我坐在玛丽的后边。</td></tr>
<tr><td>约会</td><td>1. A：晚上六点在学校门口见面吧。
B：好的。
2. 上午九点，我等你！</td></tr>
<tr><td>邀请朋友</td><td>1. 我们星期六一起出去玩儿吧。
2. 对不起，我星期六没有时间。</td></tr>
<tr><td rowspan="3">1C</td><td>我的房间</td><td rowspan="3">1. 画图展示自己的房间，并介绍房间内的设施。
2. 两人一组，模拟在超市问商品的价格。</td><td>1. 我的房间比爸爸的房间小。
2. 房间里有床、桌子和很多书。</td></tr>
<tr><td>谈价格</td><td>1. A：面包多少钱？ B：九块五。
2. 那本书 200 元，太贵了。</td></tr>
<tr><td>打电话</td><td>1. A：你好，请问李老师在吗？
B：他回家了，你有什么事？
2. 我下午给你打电话。</td></tr>
</table>

<table>
<tr><th colspan="3"></th></tr>
<tr><th>词汇示例</th><th>语法点示例</th><th>文化点示例</th></tr>
<tr><td>大、小、多、少、热、冷</td><td rowspan="11">1. 方位名词：上、下、前、后、左、右、里、外；上边、下边、前边、后边、左边、右边、里边、外边
2. 疑问代词：什么、谁、哪儿
3. 人称代词：我、你、您、他、她、我们、你们、他们、她们
4. 名量词：间、块、个
5. 程度副词：太、很
6. 范围、协同副词：一起
7. 否定副词：不、没有
8. 介词（引出时间、处所）：在
9. 连词（连接词或短语）：和$_2$
10. 语气助词：吧$_1$、了$_2$
11. 祈使句
12. 感叹句
13. “有”字句 1：
（1）表示领有
（2）表示存在
14. 比较句 1：A 比 B + 形容词
15. 钱数表示法
16. 时间表示法
17. 用“吗”提问</td><td rowspan="11">1. 中国人见面和告别时的礼节
2. 中国请客与做客的礼仪
3. 中国人的送礼文化与禁忌
4. 中国人的饮食习惯
5. 中国的休假制度
6. 中国著名的旅游景点
7. 长城在中华文化中的历史地位和象征意义
8. 京剧文化
9. 中国人的日常交通工具
10. 中国人过生日的习俗</td></tr>
<tr><td>吃、喝、早饭、午饭、晚饭</td></tr>
<tr><td>去、哪儿、回、家</td></tr>
<tr><td>对不起、谢谢、不客气、没关系、再见</td></tr>
<tr><td>住、在、号、楼、北京</td></tr>
<tr><td>上、下、前、后、左、右、里、外</td></tr>
<tr><td>上午、下午、晚上、见面、等</td></tr>
<tr><td>去、玩儿、一起、时间</td></tr>
<tr><td>房间、桌子、床、书</td></tr>
<tr><td>多少、钱、块、毛、元、贵</td></tr>
<tr><td>打、给、电话</td></tr>
</table>

话题示例		活动示例	语句示例
1C	喜怒哀乐		1. 今天我太高兴了！ 2. 我昨天没来上课，老师很生气。

2 级

话题示例		活动示例	语句示例
2A	谈颜色	1. 给花朵涂上自己喜爱的颜色，并口头介绍。 2. 根据教师提供的出发点和目的地，为该路线选择合适的交通工具。	1. 你喜欢什么颜色？ 2. 他的衣服是蓝色的，鞋子是黑色的。
	点菜		1. 我要两个肉包子，一共多少钱？ 2. 我们要三碗米饭，怎么样？
	交通工具		1. 我坐公共汽车去学校，公共汽车不但方便，而且很便宜。 2. 坐地铁比开车方便多了。
2B	问路	1. 两人一组，练习问路与指路。 2. 以小组为单位，模拟参加朋友生日聚会的场景。	1. 请问，从这儿去图书馆怎么走？ 2. 体育场离这儿远不远？ 3. 你向左走，就能看见洗手间。
	周末生活		1. 周末你们想去打排球，还是想去打网球？ 2. 他们已经爬上山了，我们快一点儿爬吧。
	生日聚会		1. 他送给我一个生日礼物。 2. A：生日快乐！ B：谢谢！你来参加我的生日晚会，我太开心了。
2C	砍价	1. 两人一组，模拟在商场买衣服并讨价还价。 2. 两人一组，一人看地图指路，一人在地图上找到要去的地方。	1. 可以试试吗？ 2. 这件衣服比那件便宜 50 块。 3. 这件衣服才 100 块。
	指路		1. 你往前走，第二个路口就有一个饭馆。 2. 那家超市有三层楼，水果和方便面在一层。
	请求帮助		1. 请你帮我取一下外卖，可以吗？ 2. 你愿意来我们小组吗？

词汇示例	语法点示例	文化点示例
高兴、生气、太、很		

词汇示例	语法点示例	文化点示例
颜色、红、黄、蓝、绿、黑	1. 能愿动词：可以、愿意 2. 名量词：件 3. 范围、协同副词：一共 4. 语气副词：才$_{1}$、就$_{2}$ 5. 介词（引出方向、路径）：往、向$_{1}$、从$_{2}$ 6. 介词（引出对象）：离 7. “的”字短语 8. 趋向补语 1：动词 + 上 / 下 / 进 / 出 / 回 / 过 / 起 / 开 9. 数量补语 1：动词 + 动量补语 10. 数量补语 2：形容词 + 数量补语 11. 比较句 2：A 比 B + 形容词 + 数量补语 12. 双宾语句：主语 + 动词 + 给 + 宾语$_{1}$ + 宾语$_{2}$ 13. 递进复句：不但……，而且…… 14. 选择复句：（是）……，还是…… 15. 序数表示法 16. 用“好吗、可以吗、行吗、怎么样”提问	1. 中国人见面和告别时的礼节 2. 中国请客与做客的礼仪 3. 中国人的送礼文化与禁忌 4. 中国人的饮食习惯 5. 中国的休假制度 6. 中国著名的旅游景点 7. 长城在中华文化中的历史地位和象征意义 8. 京剧文化 9. 中国人的日常交通工具 10. 中国人过生日的习俗
碗、菜单、一共		
公共汽车、地铁、方便		
向、往、从、离		
周末、排球、网球、爬山		
参加、晚会、礼物、快乐		
手表、可以、便宜		
向、往、层		
取、外卖、愿意、帮助		

3级			
话题示例		活动示例	语句示例
3A	喜欢的水果	1. 在教师指导下画出自己喜欢的水果，并剪下来贴在图卡中的果树上。 2. 一名学生模仿跑步、游泳、踢足球的动作，其他学生猜该同学所表演的是什么运动。	1. 我最喜欢吃香蕉，除了香蕉，还喜欢苹果。 2. 这个苹果看上去很甜。
	谈运动		1. 他打篮球打得好极了。 2. 她游泳游了大概两个小时。 3. 他比我游得快。
	买衣服		1. 这条裙子太短了，一点儿也不合适。 2. 我要去商场买一双鞋。 3. 你这么喜欢这件衣服的话，贵就贵点儿吧。
3B	谈饮食	1. 上网查找对比中国南方和北方的饮食习惯并向全班汇报。 2. 四人一组，模拟在朋友家做客。	1. 这家饭馆的牛肉面我吃过两次，特别好吃。 2. 在中国北方，米饭不比面条儿更受欢迎。
	做客		1. 朋友请我去她家做客。 2. 请坐！先吃点儿水果吧！ 3. 我把从中国带来的礼物送给他了。
	谈比赛		1. 这场比赛我们赢了，哪天一起吃饭庆祝一下吧。 2. 我们球队不仅赢得了金牌，还打破了纪录。 3. 我们队比他们队多进了一个球。
3C	谈旅行	1. 调查一下班里的同学都去过哪些地方旅行。 2. 和同学分享自己喜欢的一本图书或一档电视节目。	1. 按照旅行计划，咱们需要提前一个月订好火车票。 2. 我们计划春节前后去旅行，首先去杭州，然后去海南过春节。
	读书和影视		1. 这本书的故事相当精彩！ 2. 从明天起，这个电视节目每天晚上八点播出。
	劝说别人		1. 你把音乐声音调小一点儿，好不好？ 2. 千万不要随便下河游泳，很危险。

<table>
<tr><th>词汇示例</th><th>语法点示例</th><th>文化点示例</th></tr>
<tr><td>苹果、香蕉、甜、成熟</td><td rowspan="9">1. 能愿动词：需要
2. 指示代词：各位、每
3. 程度副词：相当
4. 情态副词：大概
5. 介词（表示排除）：除了
6. 介词（引出凭借、依据）：按照
7. 固定短语：看上去
8. 固定格式：从……起
9. 数量补语 3（动词 + 动量补语）：宾语和动量补语共现
10. “把”字句 1（表处置）：
（1）主语 + 把 + 宾语 $_1$+ 动词（+ 给）+ 宾语 $_2$
（2）主语 + 把 + 宾语 + 动词 + 结果补语 / 趋向补语 / 状态补语
11. 连动句 2：后一动作是前一动作的目的
12. 兼语句 1（表使令）：主语 + 叫 / 派 / 请 / 让……+ 宾语 $_1$ + 动词 + 宾语 $_2$
13. 比较句 4：
（1）A 比 B + 动词 + 得 + 形容词
（2）A 不比 B + 形容词
（3）A 比 B + 多 / 少 / 早 / 晚 + 动词 + 数量短语
14. 重动句：主语 + 动词 + 宾语 + 动词 + 补语
15. 承接复句：首先……，然后……
16. 递进复句：不仅 / 不光……，还 / 而且……
17. 用“一点儿也不……”表示强调
18. 口语格式：X 就 X（点儿）吧</td><td rowspan="9">1. 中国人见面和告别时的礼节
2. 中国请客与做客的礼仪
3. 中国人的送礼文化与禁忌
4. 中国人的饮食习惯
5. 中国的休假制度
6. 中国著名的旅游景点
7. 长城在中华文化中的历史地位和象征意义
8. 京剧文化
9. 中国人的日常交通工具
10. 中国人过生日的习俗</td></tr>
<tr><td>足球、跑步、游泳</td></tr>
<tr><td>裙子、胖、双、适合</td></tr>
<tr><td>白菜、果汁、红茶、咖啡、美食、汤、顿</td></tr>
<tr><td>做客、接待、整理、束</td></tr>
<tr><td>比赛、赢、金牌、庆祝</td></tr>
<tr><td>按照、旅行社、提前、订</td></tr>
<tr><td>相当、精彩、播出、收看</td></tr>
<tr><td>吵、危险、千万</td></tr>
</table>

中等（4~6 级）

4 级

子主题	话题示例	活动示例	语句示例
日常生活	出行方案、食物、购物打折	1. 小组讨论制订周末出行计划。 2. 调查来自不同地方的人喜爱的食物有什么差异。 3. 为店铺制作打折季的宣传海报。	1. 我们的航班准时从北京出发了。 2. 从这儿到超市有一段距离，步行有点儿远，你得坐大巴或者骑自行车。 3. 每年这个时候，百货商店都会打折促销，有时候价格会比原来低百分之五十以上。 4. 这批毛衣是进口的名牌儿货，品质极好，您可以放心挑选。
休闲娱乐	体育比赛、流行文化、评价节目		1. 两个队的比分这么接近，谁赢谁输还真说不定。 2. 对于年轻人的服装潮流，没有人比她更了解。 3. 这个镜头被称为世界电影历史中的经典。 4. 还经典电影呢，简直太无聊了，我看得都快睡着了。你怎么会喜欢呢？
社会交往	表达赞扬、正式邀请、解释误会		1. 大家都说他是一个十分好相处的人。 2. 为了明天的活动，我们认真准备了好几个月，请您一定要出席。 3. 我一再跟你解释过了，这是个误会，我并不是想伤害你。 4. 玛丽的中文真好，这么多汉字，她一个都没写错。

5 级

子主题	话题示例	活动示例	语句示例
日常生活	特色饮食、交通工具、商品或物品	1. 小组讨论，列出制作中餐和西餐的购物清单。 2. 写一则寻物启事或失物招领启事。	1. A：服务员，你们这里有什么特色菜？ B：我们这里的烤鸭不错，尤其是这道特色烤鸭，最受欢迎。 2. 本人昨天下午在学生食堂丢了一个蓝色背包，包内装有两册书、一条领带和一张学生卡。有拾到的同学请与本人联系。联系人：张 XX。电话：XXXXXXXX。

词汇示例	语法点示例	文化点示例
距离、步行、航班、航空、加油站、百货、出售、产品、品质、促销、打折、免费、挑选、快递、汇率、外汇、尺寸、地址、位置、位于、大楼、电梯、登记、投诉 比分、操场、潮流、趋势、登山、健身、动画片、系列、业余、逛、激烈、角色、经典、著名、拍照、镜头、图案、聚会、乐趣、热闹、无聊、优美 表扬、不在乎、不要紧、称赞、诚信、出席、怀念、伙伴、讲究、交际、解释、看望、同情、问候、误会、相处	1. 能愿动词：得 2. 名量词：批 3. 程度副词：极 4. 频率、重复副词：一再、再三 5. 固定短语：说不定 6. 被动句 2：主语 + 被 + 动词 + 其他成分 7. 兼语句 2（表称谓或认定义）：主语 + 叫 / 称（呼）/ 说 / 收 / 选 + 宾语$_1$ + 做 / 为 / 当 / 是 + 宾语$_2$ 8. 小数、分数、百分数、倍数的表示法 9. 反问句 2：由疑问代词构成的反问句 10. 用“一 + 量词（+ 名词）+ 也（都）/ 也没（不）……”表示强调 11. 口语格式：还 X 呢	1. 中外饮食文化、餐桌礼仪 2. 中国文化中的委婉与谦虚 3.“共享”文化和新的出行方式 4. 中国的春节联欢晚会 5. 中国流行的体育赛事 6. 中国火车车次的表达方式 7. 中国的公共汽车、地铁站牌 8. 中国的“春运”现象 9. 传统中医的饮食与养生观念

词汇示例	语法点示例	文化点示例
蛋糕、烤肉、烤鸭、蔬菜、土豆、西红柿、香肠、餐厅、叉子、尝、电饭锅、厨房、打包、驾驶、乘客、处罚、共享、存款、贷款、押金、物价、涨价、损失、信箱、珍贵	1. 名量词：册、朵、幅、届、颗、匹、扇 2. 程度副词：尤其 3. 语气副词：倒是 4. 介词（引出施事、受事）：由$_2$ 5. 介词（引出凭借、依据）：凭	1. 中外饮食文化、餐桌礼仪 2. 中国文化中的委婉与谦虚 3.“共享”文化和新的出行方式

子主题	话题示例	活动示例	语句示例
日常生活		3. 三～四人一组，每人分析一种交通工具的适用人群和出行需要，比较不同交通工具的价格、优势等。 4. 小组讨论，策划一部青春偶像剧，并制作演职人员安排表。	3. 在我看来，乘坐公共交通和自己开车各有各的好处。地铁和公共汽车很便宜，但是换车的时候跑来跑去很麻烦。跟乘坐公共交通相比，自己开车倒是很方便，不过现在汽油涨价了，开车越来越贵。此外，还要看市区有没有充足的停车位，否则乱停车会被罚款。
休闲娱乐	赛事信息、电影或演出、描述风景		1. “第三届中国歌曲竞赛”3月1日开幕，比赛由XX国际学校主办，来自全市各大中文学校的100多名学生参加了竞赛。来自新华学校的丽莎同学凭自身的出色表现获得了冠军。 2. 这部校园偶像剧是著名导演XX的作品，剧本写得很精彩，其中很多角色和场面给观众留下了深刻的印象。 3. 蓝天、白云、草地、鲜花、牛、羊、马组成了一幅美好的画面。这是草原特有的景色。
社会交往	约会、赞扬别人、安慰别人		1. A：两点你来得了吗？ B：没问题，老地方见！ 2. A：你在毕业典礼上的发言讲得太精彩了！ B：哪里哪里，不敢当。 3. A：他竟然在那么多人面前拒绝我，我以后再也不和他说话了！ B：用不着生气。吵归吵，闹归闹，大家还是朋友。

6级

子主题	话题示例	活动示例	语句示例
日常生活	交通信息、家用电器与设备使用、日常花销		1. 这趟车是特快列车，从4号站台上车。下午两点十五分发车。车站安检的时间比较长，咱们早点儿出发吧，不然可能会迟到。

词汇示例	语法点示例	文化点示例
	6. 固定短语：A 来 A 去；不敢当；用不着 7. 固定格式：在……看来 8. 状态补语 2：动词 / 形容词 + 得 + 短语 9. “有”字句 3（表示附着）：主语 + 动词 + 有 + 宾语 10. 比较句 5：跟……相比 11. 用“再也不 / 没”表示强调 12. 口语格式：X 归 X，Y 归 Y	4. 中国的春节联欢晚会 5. 中国流行的体育赛事 6. 中国火车车次的表达方式 7. 中国的公共汽车、地铁站牌 8. 中国的“春运”现象 9. 传统中医的饮食与养生观念
开幕、闭幕、竞赛、裁判、冠军、亚军、主办、感想、羽毛球、宾馆、博物馆、打扮、戏剧、剧本、扮演、偶像、拍摄、模糊、钢琴、歌曲、漫画、出版、俱乐部、跟随、更新、浪漫、享受、园林、欣赏、休闲		
安慰、拜访、抱怨、悲伤、不耐烦、不敢当、称号、典礼、发布、风度、干扰、沟通、估计、鼓励、鼓掌、关怀、拒绝、礼貌、联络、面子、骗、误解、邀请、争议		

词汇示例	语法点示例	文化点示例
客车、特快、快车、慢车、站台、车号、行程、安检、故障、出行、厨师、炒、煮、果酱、薯条、三明治、食欲、金额、省钱、	1. 指示代词：此 2. 动量词：番 3. 方式副词：特意	1. 中外饮食文化、餐桌礼仪 2. 中国文化中的委婉与谦虚

子主题	话题示例	活动示例	语句示例
日常生活			2. 这是新电视的说明书，上面写有电视的功能和用法。若要开通网络电视服务，请拨打这张卡上的电话。 3. 据调查，低年级女生的消费以零食、学习资料为主；至于高年级女生，她们的消费以电子产品、服装等为主。 4. 凡是风险高的娱乐项目，我都不敢尝试，比如过山车。
休闲娱乐	比赛赛制、旅行经历、阅读感悟	1. 以小组为单位，调查本校学生的消费情况（如学习资料、零食、手机通信、服饰等），并向全班汇报。 2. 写一篇小作文，介绍一下你的一次旅行经历。 3. 以小组为单位，模拟在音像店为顾客推荐唱片或影视作品。	1. 世界杯足球赛共 32 支球队，分为 8 个小组。先打小组赛，每组组内 4 支队伍互相之间都要比一次，每组打 6 场比赛，8 组共 48 场。小组赛结束，每组后两名退出。剩下 16 支队伍打的第一轮比赛叫 1/8 决赛，胜出的 8 支队伍再进行 1/4 决赛，接下来就是半决赛，最后是决赛。 2. 我兴奋地来到了青山脚下，原以为山不高，应该不用费太大力气就能爬上去。不料突然天降大雨，把我身上的衣服弄得湿透了，我在雨中深一脚，浅一脚，好不容易才找到了一个躲雨的地方。 3. 小明上个周末去了北京，他既没登长城，也没游故宫，而是参观了首都博物馆。 4.《成都》这首歌曲创作于 2014 年。作者因为喜欢这座城市，特意创作了此曲。让我们一起来听一听这首歌，感受一番成都的味道吧。
社会交往	致歉、表达否定、表示怀疑、提出批评		1. A：抱歉，让你们久等了。 B：没关系，快进来吧。 2. 看起来他的水平也不怎么样，我怀疑他根本不是专业的。 3. 好你个组长，明明说好一起参加聚会，可你竟然临时改主意，真不讲信用！ 4. 真不巧！我的车早也不坏，晚也不坏，就今天坏了。给您带来不便，请原谅！

<table>
<tr><th>词汇示例</th><th>语法点示例</th><th>文化点示例</th></tr>
<tr><td>预约、账户、时装、住宅、楼道、书房、厕所、家电、开关</td><td rowspan="3">4. 介词（引出时间、处所）：于
5. 介词（引出对象）：至于
6. 介词（引出凭借、依据）：据
7. 连词（连接分句或句子）：不料、可$_3$、若
8. 固定短语：不怎么样；好（不）容易
9. 固定格式：A 一 + 量词，B 一 + 量词
10. “把”字句 4（表致使）：主语（非生物体）+ 把 + 宾语 + 动词 + 其他成分
11. 假设复句：……，要不然 / 不然……
12. 条件复句：凡是……，都……
13. 口语格式：好你个 X；早（也）不 X，晚（也）不 X</td><td rowspan="3">3. “共享”文化和新的出行方式
4. 中国的春节联欢晚会
5. 中国流行的体育赛事
6. 中国火车车次的表达方式
7. 中国的公共汽车、地铁站牌
8. 中国的“春运”现象
9. 传统中医的饮食与养生观念</td></tr>
<tr><td>大赛、参赛、联赛、选拔、名额、局、场馆、报刊、栏目、掌声、艺人、音像、乐曲、歌词、演奏、娱乐、节奏、感人、海报、杰出、精品、收藏、精美、奔跑、名胜、景点、观光</td></tr>
<tr><td>抱歉、不便、不至于、不禁、不怎么样、传言、互动、回应、惊喜、看得起、肯、来往、免得、名义、适当、算了、心愿、宴会、仪式、隐私、原谅、约定</td></tr>
</table>

高等（7~9 级）

子主题	话题示例	活动示例	语句示例
日常生活	烹饪、 理财、 交通路况	1. 小组合作，制作一个中餐菜谱。 2. 以小组为单位，讨论中学生该如何管理自己的零花钱。 3. 辩论赛：是否应该反对学生追星？	1. 首先把鸡蛋打到碗里，放一点儿盐，搅拌均匀。然后把适量的油倒入锅里，等油烧热了，把搅拌好的鸡蛋倒进锅里，稍微炒一炒。 2. 我每个月有固定的零花钱，妈妈说："钱最好花在有意义的事情上。"我的一些同学把他们的零花钱统统用来买吃的，还有一些时髦的奢侈品，我极不赞成这种做法。与其买一些用不着的东西，我宁可精打细算，把多余的钱存起来，这样以后可以做更有用的事。 3. 所谓"黄金周"就是国庆节和春节的假期。每年的这段时间都是中国的旅游旺季，成千上万的游客从四面八方涌入全国各大旅游景点，民航、铁路等交通系统亦是一票难求。
休闲娱乐	谈赛事、 谈追星、 娱乐新闻、 谈旅行		1. 不少年轻人都喜欢追星，许多人被明星的外貌和人气所吸引，甚至于对明星盲目崇拜。但请勿忘记，外表美丽固然好，品德和内心更加重要。总而言之，追星需理性，不要盲目地追星！ 2. 昨天下午，第十一届国际电影节开幕，这部电影也同时举行了发布会。该片导演家喻户晓，主演也都实力非凡。影片改编自真实的历史事件，历经五年的剧本打磨、两年的创作筹备，才有了今天的成果。该影片定于 9 月 30 日在全国公开放映。 3. 1 月 2 日，国家大剧院新年音乐会将如约与观众见面。国家大剧院音乐艺术总监将率领国家大剧院管弦乐团、合唱团，以多种舞台形式演绎观众耳熟能详的经典曲目。古典吉他演奏家、钢琴家及女高音歌唱家等多名演员皆将登台献艺，展现高超的技艺，唤醒观众的共鸣。

词汇示例	语法点示例	文化点示例
便利店、标签、性价比、菜市场、衣食住行、专柜、产地、畅销、储蓄、零花钱、精打细算、讨价还价、奢侈、川流不息、拥挤、驾车、车厢、目的地、四面八方、成千上万、出毛病、就餐、餐桌、烹调、手艺、炖、烤、浸泡、捞、特制、点心、烧烤、火锅、调料、馅儿、丰盛、品尝、可口、口味、美味、风味	1. 指示代词：该 2. 范围、协同副词：统统、皆 3. 关联副词：亦 4. 否定副词：勿 5. 语气副词：必定 6. 介词（引出凭借、依据）：依 7. 连词（连接词或词组）：及 8. 固定短语：总的来说 / 总而言之 9. 固定格式：所谓……就是…… 10. 递进复句：……，甚至于…… 11. 选择复句：与其……，宁可 / 宁愿…… 12. 假设复句：倘若 / 若……，…… 13. 让步复句：……固然……，但是 / 可是 / 不过……	1. 奥运会和奥运精神 2. “双奥之城”北京 3. 中国各地的物产 4. 中国的八大菜系 5. 不同国家的待客之道 6. 中国有影响力的明星和名人 7. 中国人休闲度假的常见方式 8. 中国的世界遗产 9. 中国人的消费观念 10. 中国人的网购 11. 中国人的等级观念和人际交往禁忌 12. 中国人“以和为贵”的观念
奥运会、夺冠、奖杯、奖牌、失利、棒球、高尔夫球、乒乓球、滑雪、滑冰、点评、比比皆是、变幻莫测、不由自主、出人意料、除此之外、传奇、大同小异、淡季、旺季、景区、独唱、伴奏、耳熟能详、家喻户晓、放映、剧情、编剧、改编、上映、发布会、主演、售票、主题歌、歌剧、芭蕾、绯闻、巨星、名气、粉丝、丰富多彩、旅途、食宿、吃喝玩乐、社团、游览、野营、引人入胜		

子主题	话题示例	活动示例	语句示例
社会交往	告辞和送别、祝贺、抱怨、谣言和辟谣		1. A：时间不早了，我该告辞了。 B：那我们就不留您了，请慢走。 2. A：（祝你）一路平安，后会有期！ B：谢谢，你也多保重。 3. A：怎么了？看你最近总是愁眉苦脸的。 B：唉，前几天打球的时候为了出风头，跟队友闹矛盾了，你说我该怎么办。 A：别太烦恼了，依我看，主动道歉并不是丢脸的事。只要你诚心诚意地检讨自己的问题，跟他和解，他一定会原谅你的。 4. 荀子曾说，“流言止于智者”，意思是任何谣言在善于思考的人面前都会被揭穿。一个聪明的人，不会因为谣言被传得沸沸扬扬就轻易相信。倘若能够静下心去理清来龙去脉，思考背后的真相，那再高明的谣言也必定会平息。

词汇示例	语法点示例	文化点示例
半信半疑、保重、报复、悲欢离合、鄙视、辩解、坦白、彬彬有礼、不见得、不像话、补救、不耻下问、不辞而别、诚心诚意、愁眉苦脸、出风头、穿小鞋、吹牛、打交道、大吃一惊、得罪、丢脸、妒忌、惹、发火、烦恼、诽谤、谣言、沸沸扬扬、尴尬、感激、告辞、和解、莫名其妙、劝告、送别、依依不舍		

主题四：自然与科技

初等（1~3 级）

初等阶段自然与科技主题涉及自然环境、人类与健康、媒体、数字技术四个子主题。

1 级			
话题示例		活动示例	语句示例
1B	谈天气	1. 看图互相询问本周的天气情况。 2. 两人一组，一人提问某月某日是星期几，一人查看日历回答，并告诉对方当天有没有中文课。 3. 调查身边的人因为哪些食品问题生过病，跟同学分享你的发现。	1. 星期一天气不好，有雨。 2. 一月，北京很冷，香港不冷。
	日期表达		1. 8 月 4 日是星期几？那天有没有中文课？ 2. 明天是星期天，我喜欢星期天。
	饮食与疾病		1. 奶奶病了，她现在不能喝牛奶。 2. 弟弟晚上吃了太多东西，现在他在医院看病。
1C	时间表达	1. 采访班级其他同学一日三餐的时间，并记录下来。 2. 四人一组，统计小组同学与数码产品相关的爱好，如玩儿电脑、看电影等。 3. 两人一组，就双方的上网习惯（什么时候上网、上网时长、上网方式等）互相提问。	1. 明天早上八点半见！ 2. 现在纽约是上午八点零五分，北京是晚上八点零五分。
	常用电器		1. 我家里有电脑，没有电话。 2. 我昨天看了这个电影，非常好看。
	谈上网		1. 我星期六晚上从八点到十点常常用手机上网。 2. 哥哥在网上买了三本书。

2 级			
话题示例		活动示例	语句示例
2A	四季变化	1. 同学甲有某城市春、夏的气温信息，同学乙有该城市秋、冬的气温信息。两人沟通后，补全该城市四季的气温图。	1. 上海冬天冷不冷？天气怎么样？ 2. 北京夏天有时很热，最高气温三十五度以上。不过，南京比北京更热。

<table>
<tr><th>词汇示例</th><th>语法点示例</th><th>文化点示例</th></tr>
<tr><td>天气、下雨、冷、热、风</td><td rowspan="6">1. 名量词：杯、本、个
2. 否定副词：不、没有、没、别
3. 介词（引出时间、处所）：从$_1$、在
4. 动态助词：了$_1$
5. 副词、形容词作状语
6. 主谓句 1：动词谓语句
7. 主谓句 2：形容词谓语句
8. 非主谓句
9. 疑问句：
（1）特指问句
（2）选择问句
10. “是”字句：表示说明或特征
11. “有”字句 1：
（1）表示领有
（2）表示存在
12. 时间表示法
13. 用“多、多少、几”提问</td><td rowspan="6">1. 中国各地的气候
2. 中国儿童和青少年游戏与体育活动的类型和特点
3. 中国儿童和青少年生活习惯及其成因
4. 中文红色等颜色词的象征含义
5. 中文动植物词（特别是“龙”）的象征含义
6. 中国儿童和青少年中流行的自媒体平台
7. 中国儿童和青少年对传统媒体的态度
8. 中国的农历和二十四节气
9. 中国的发明创造
10. 珠算的特点和使用算盘的方法</td></tr>
<tr><td>年、月、日、号、星期天</td></tr>
<tr><td>生病、看病、干净、坏、医院</td></tr>
<tr><td>点、分、半、差、零</td></tr>
<tr><td>电脑、电视、电话、电影、电影院</td></tr>
<tr><td>上网、网上、网友、手机、买、东西</td></tr>
</table>

<table>
<tr><th>词汇示例</th><th>语法点示例</th><th>文化点示例</th></tr>
<tr><td>晴天、多云、气温、零下、以上</td><td>1. 能愿动词：应该、该
2. 疑问代词：怎么样</td><td>1. 中国各地的气候
2. 中国儿童和青少年游戏与体育活动的类型和特点</td></tr>
</table>

	话题示例	活动示例	语句示例
2A	自然风景	2. 录制一段视频，向中国朋友介绍你家乡四季的自然风景。 3. 三人一组，讨论使用手机的好处和坏处。	1. 这里有一条小河，河边长着很多花草。 2. 离这里不远有几座小山，山上种着很多花，也有很多大树。
	谈手机		1. 我觉得手机又方便又好玩儿。 2. 你老玩儿手机，这样会影响学习的。
2B	神奇的星球	1. 说一说地球、太阳和月亮，哪一个大，哪一个小。 2. 三人一组，讨论哪些是生活中的好习惯或坏习惯。 3. 两人一组，讨论我们现在的生活跟过去相比，有哪些变化。	1. 太阳比地球大，月亮比地球小。 2. 如果太阳不见了，地球会变成什么样子呢？
	习惯与健康		1. 吃完饭马上运动的话，对身体不好。 2. 我们应该多吃水果，不能只吃肉。
	过去和现在		1. 现在使用手机的人越来越多。 2. 以前这儿只有房子，现在有很多花草，还有树，非常漂亮。
2C	去医院	1. 根据教师给出的图片，说说图中的人哪儿不舒服。 2. 三～四人一组，互相采访喜欢的电视节目类型。 3. 调查老师、同学、家人常用的社交方式（发短信、打电话、写信等）。	1. 我的眼睛有点儿疼，刚刚请医生帮我检查了一下。 2. 爷爷身体不舒服，爸爸和他一起去医院了。
	电视节目		1. 很多人喜欢看电视，现在电视节目也越来越多。 2. 我们全家都喜欢看电视：爸爸喜欢看体育节目和新闻；妈妈喜欢看教育节目和广告；我跟哥哥一样，喜欢看音乐节目和旅游节目。
	社交媒体		1. 我坐地铁的时候喜欢用手机发短信，不喜欢打电话。你呢？ 2. 中文短信中的数字有特别的意思。比如，“520”是“我爱你”，“555”是“哭”的意思。

<table>
<tr><th>词汇示例</th><th>语法点示例</th><th>文化点示例</th></tr>
<tr><td>河、月亮、湖、空气、草地</td><td rowspan="8">3. 指示代词：那么、那样、这么、这样
4. 时间副词：刚、刚刚
5. 介词（引出对象）：对
6. 助词：的话
7. 固定短语：越来越
8. 固定格式：又……又……
9. 数量补语 1：动词 + 动量补语
10. 存现句 1（表示存在）：处所 + 动词 + 着（+ 数量短语）+ 名词
11. 比较句 2：A 比 B + 更 / 还 + 形容词
12. 假设复句：如果……，就……
13. 用“呢”构成的省略式疑问句“代词 / 名词 + 呢？”提问</td><td rowspan="8">3. 中国儿童和青少年生活习惯及其成因
4. 中文红色等颜色词的象征含义
5. 中文动植物词（特别是“龙”）的象征含义
6. 中国儿童和青少年中流行的自媒体平台
7. 中国儿童和青少年对传统媒体的态度
8. 中国的农历和二十四节气
9. 中国的发明创造
10. 珠算的特点和使用算盘的方法</td></tr>
<tr><td>方便、好处、随时、关机、影响</td></tr>
<tr><td>星星、月亮、太阳、地球、方面</td></tr>
<tr><td>运动、好处、健康、快餐、习惯</td></tr>
<tr><td>以前、到处、过去、信用卡、外卖</td></tr>
<tr><td>眼睛、检查、舒服、药店、西医</td></tr>
<tr><td>节目、新闻、教育、体育、广告</td></tr>
<tr><td>短信、数字、比如、地铁、信</td></tr>
</table>

3 级			
	话题示例	活动示例	语句示例
3A	居住环境	1. 两人一组，讨论各自的居住环境。 2. 采访同学，了解一下中学生一般会因为哪些事情有压力。 3. 如果一整天不能上网，可能发生哪些事情？和同学一起讨论并表演出来。	1. 我家在铁路旁边，周围有很多商店，晚上有点儿吵。 2. 小龙家旁边有一条河。每年春天，河边都开着很多花，景色美极了。
	压力与健康		1. 刚开始学习这门课的时候，我常常听不懂，压力大极了。 2. 压力大时，更需要保持积极乐观的心情。
	网络与生活		1. 我们不仅可以上网听音乐、交朋友，还可以练习汉语。真方便！ 2. 花太多时间上网，除了会影响我们的日常生活，还会影响我们的健康。
3B	生物多样性	1. 你身边有哪些动物？这几年它们的数量越来越多还是越来越少？为什么？和同学讨论一下这些问题。 2. 说一说技术给你的生活带来了哪些影响。 3. 找找你身边的“中国制造”，并介绍给大家。	1. 湖里的鱼本来很少，最近好像越来越多了。 2. 有人觉得把买来的动物放回大自然是有爱心的表现，但这样做有时会造成危险。
	技术的影响		1. 技术发展一方面给我们的生活带来了很多方便，另一方面也改变了我们的生活方式。 2. 跟中国同学交流以后，我找到了练习汉语写作的好方法，汉语写作能力越来越强。
	中国制造		1. 去年我们制造了一千万辆汽车，这些汽车又便宜又先进。 2. 在过去几年中，我们新建了一万多公里的高速铁路（高铁）。
3C	环境保护	1. 和同学分享你生活中有哪些环保的好办法。 2. 四人一组，讨论一下你们认为人类最伟大的五种发明创造，并说明原因。	1. 夏天空调温度开得太低会造成用电浪费，26 度最好，不冷不热。 2. 浪费的现象非常普遍。比如，很多人离开房间时不关灯。
	人类的发明		1. 汽车是现代社会最主要的交通工具，有了它，人们可以想去哪儿就去哪儿。 2. 你认为 21 世纪人类最伟大的发明是什么？

<table>
<tr><th>词汇示例</th><th>语法点示例</th><th>文化点示例</th></tr>
<tr><td>铁路、地区、景色、周围、开放</td><td rowspan="8">1. 能愿动词：需要
2. 疑问代词的非疑问用法（任指用法）：疑问代词 + 疑问代词
3. 时间副词：本来
4. 介词（引出时间、处所）：自从
5. 介词（表示排除）：除了
6. 连词（连接分句或句子）：不仅、由于$_2$
7. 固定短语：不 A 不 B
8. 固定格式：除了……（以外），……还 / 也 / 都……
9. 结果补语 2：动词 + 到 / 住 / 走
10. 可能补语 1：动词 + 得 / 不 + 动词 / 形容词
11. 程度补语 1 ：形容词 / 心理动词 + 得很 / 极了 / 死了
12. “把”字句 1（表处置）：主语 + 把 + 宾语 + 动词 + 结果补语 / 趋向补语 / 状态补语
13. 并列复句：一方面……，另一方面……
14. 因果复句：（由于）……，所以 / 因此……</td><td rowspan="8">1. 中国各地的气候
2. 中国儿童和青少年游戏与体育活动的类型和特点
3. 中国儿童和青少年生活习惯及其成因
4. 中文红色等颜色词的象征含义
5. 中文动植物词（特别是“龙”）的象征含义
6. 中国儿童和青少年中流行的自媒体平台
7. 中国儿童和青少年对传统媒体的态度
8. 中国的农历和二十四节气
9. 中国的发明创造
10. 珠算的特点和使用算盘的方法</td></tr>
<tr><td>压力、保持、乐观、需要、积极</td></tr>
<tr><td>互联网、电子邮件、总是、日常、经历</td></tr>
<tr><td>本来、死、爱心、造成、危险</td></tr>
<tr><td>技术、发展、交流、能力、困难</td></tr>
<tr><td>高速、先进、制造、铁路</td></tr>
<tr><td>环保、节约、浪费、空调、普遍</td></tr>
<tr><td>伟大、世纪、创造、工具、人类</td></tr>
</table>

话题示例		活动示例	语句示例
3C	智能生活	3. 你的城市、社区、学校和家庭中，哪些方面使用了智能技术？小组讨论并将讨论结果整理出来。	1. 由于手机支付又安全又方便，所以现在人们很少用现金了。 2. 自从有了互联网，人们的生活发生了很大的改变。

中等（4~6 级）

4 级			
子主题	话题示例	活动示例	语句示例
自然环境	我的家乡、季节与天气、环保	1. 介绍你的家乡（位置和特点、四季的天气等），学有余力的同学可制作一个家乡宣传片。 2. 采访同班同学最近的压力来源和他们缓解压力的方法。	1. 我的家乡位于中国云南。那里风景格外优美，每年吸引着很多中外游客来旅游。 2. 莫斯科冬季极其寒冷，简直是个冰雪大世界。 3. 世界环境日为每年的 6 月 5 日，它表达了人类对美好环境的追求。 4. 为了保护环境，一些国家规定，超市、商场等场所一律不再为顾客提供免费塑料袋。
人类与健康	校园食品、心理健康、锻炼和健身		1. 有些零食属于垃圾食品，吃多了对儿童的身体不好。 2. 中国人认为早餐得吃好，午餐要吃饱，晚餐要吃少。 3. 你正处于长身体的阶段，不管多忙，生活一定要保持规律，按时吃饭，保证营养，并抽出时间锻炼身体。 4. 无论碰到什么困难，都应该用积极的态度去面对。
媒体	大众媒体、媒体与阅读、媒体与名人		1. 自媒体是普通大众通过网络等分享他们自身的事实和新闻的一种传播方式。 2. 一般来说，青少年对于新鲜事物的学习能力是极强的，而新媒体为他们提供了表达的空间。 3. 家长可以从一些有趣的儿童读物开始培养孩子的阅读习惯。 4. 这些网络歌手靠兴趣进行创作与艺术表达，不仅形成了独特的艺术风格，还慢慢有了自己固定的歌迷。

词汇示例	语法点示例	文化点示例
现金、支付、设备、将来、发送		

<table>
<tr><th colspan="3"></th></tr>
<tr><th>词汇示例</th><th>语法点示例</th><th>文化点示例</th></tr>
<tr><td>位于、风景、优美、吸引、居住、街道、种植、严重、海水、堵车、季节、特征、潮湿、打雷、闪电、寒冷、冰雪、降温、降落、独特、暖气、树林、鲜花、塑料、垃圾、吸管、燃烧、地下、附近</td><td rowspan="3">1. 能愿动词：得
2. 程度副词：格外、极、极其
3. 时间副词：按时
4. 语气副词：的确、究竟
5. 介词（引出对象）：关于
6. 固定短语：一般来说
7. 多项定语
8.“是……的”句 2：强调说话人的看法或态度
9. 并列复句：既……，又 / 也……
10. 递进复句：……，甚至……
11. 假设复句：假如……，(就)……</td><td rowspan="3">1. 主要国家和城市的地理位置及气候特点
2. 中国气候的多样性及其主要特点
3. 各国珍稀动物
4. 不同文化中关于动物的隐喻
5. 中国的医疗体系
6. 中国人的医疗观念
7. 中医在病理诊断和治疗方面的特点与理念
8. 中国青少年主要的体育活动（武术、乒乓球等）
9. 二十四节气与气候
10. 中国著名的自然风光及其地理位置
11. 中国人锻炼身体的方式（跑步、游泳、太极拳、八段锦等）
12. 中国近现代杰出人物及其故事（袁隆平等）</td></tr>
<tr><td>零食、纯净水、矿泉水、巧克力、茶叶、吸收、消化、讲究、食堂、种类、含量、负担、遗传、改善、体检、体重、下降、规律、缓解、放松、体操、心理、药物、手术、医疗、发烧、恶心、登山、健身</td></tr>
<tr><td>传统、趋势、渐渐、替代、机遇、潮流、效率、背景、保守、发挥、唱片、镜头、约会、刺激、阅读、下载、资源、著作、统计、数据、充分、爱国、模特儿、造型、著名、青春、无限、前途、经典、演讲</td></tr>
</table>

子主题	话题示例	活动示例	语句示例
数字技术	科技的用途、电子游戏、网上购物	3. 调查网上的资料，看看目前人们关于电子书和纸质书的观点有哪些。总结之后，说出自己的看法。	1. 假如没有冰箱，我们怎么能随时吃到既新鲜又有营养的各类食物呢？ 2. 网络的确扩大了青少年的知识面，甚至在逐步改变着他们的生活方式。 3. 小学生玩儿电子游戏究竟有没有好处？关于这个问题，人们有不同的看法。 4. 有些人不愿意在网上购物，他们既担心商品的质量，也不愿意把自己的地址等信息提供给别人。

5 级

子主题	话题示例	活动示例	语句示例
自然环境	气候变化、城市与农村、资源与垃圾	1. 小组讨论，分析一下城市和农村生活的优点与缺点。 2. 观看不同媒体中同一种产品的广告，对比相同点和不同点，说说自己喜欢的种类并说明原因。 3. 全班一起商讨，制订十条青少年安全使用电子产品守则。	1. 近些年，随着全球气候的变化，雷电、大风、地震、高温这些现象时常出现。 2. 南方的乡村有山有水，在我看来，哪儿都没有乡村舒服。 3. 目前全世界大熊猫总数不足 3000 只。 4. 这个回收站回收以下东西：二手家具、衣服、手机、电视等。
人类与健康	神奇的器官、健康生活方式、饮食与营养		1. 皮肤是人体面积最大的器官。 2. 随着生活水平的提高，人们越来越关注身体与心理健康。 3. 锻炼的好处多得不得了：增强肌肉力量、控制体重、帮助提高睡眠质量，从而让人拥有健康的身体。 4. 科学家发现，从生活习惯来看，长寿的人一般都不抽烟，并且会控制饮食，常吃蔬菜、水果、豆制品。
媒体	媒体与选秀、网络文学、媒体科技报道		1. 跟其他节目相比，这些竞赛类节目更受年轻人欢迎。 2. 中国的网络文学尤其繁荣，已经成为一个新的产业。

词汇示例	语法点示例	文化点示例
智能、系统、燃料、黑暗、高铁、电源、电梯、航班、网络、用途、获取、资料、购物、套餐、特价、引导、限制、网址、禁止、数码、程序、光盘、官方、规模、行业、征求、发票、翻译、节省	12. 条件复句：无论……，都 / 也…… 13. 反问句 2：由疑问代词构成的反问句	13. 中国古代发明与技术（四大发明、桥梁等） 14. 中国当代前沿科学技术 15. 青少年对待科技的态度 16. 中国人网购的特点 17. 互联网对中国消费方式的影响等

词汇示例	语法点示例	文化点示例
灰色、温和、雨水、灾难、气象、台风、高温、污染、污水、频繁、充足、警告、晴朗、局面、郊区、便利、沙漠、园林、北极、修建、墙壁、珍贵、基地、分解、包装、玻璃、贺卡、摩托、周期、治理 耳朵、部位、组织、比重、指甲、保养、安慰、脾气、恢复、迷信、冲动、按摩、健全、蔬菜、火腿、饮料、体力、消毒、豆制品、必需、过敏、饮食、长寿、减轻、困扰、抢救、神经、门诊、注射 欣赏、休闲、幽默、创立、文艺、号召、用户、题材、漫画、散文、诗歌、编辑、争议、剧本、正规、博客、当代、真相、正义、发行、	1. 程度副词：可$_1$、尤其 2. 时间副词：时常 3. 介词（引出时间、处所）：随着 4. 连词（连接分句或句子）：从而、一旦 5. 固定短语：有 A 有 B 6. 固定格式：在……看来；到……为止；从……来看 7. 程度补语 2：形容词 / 动词 + 得 + 不得了 / 慌 / 厉害	1. 主要国家和城市的地理位置及气候特点 2. 中国气候的多样性及其主要特点 3. 各国珍稀动物 4. 不同文化中关于动物的隐喻 5. 中国的医疗体系 6. 中国人的医疗观念 7. 中医在病理诊断和治疗方面的特点与理念 8. 中国青少年主要的体育活动（武术、乒乓球等） 9. 二十四节气与气候 10. 中国著名的自然风光及其地理位置 11. 中国人锻炼身体的方式（跑步、游泳、太极拳、八段锦等）

子主题	话题示例	活动示例	语句示例
媒体			3. 一旦电脑被病毒控制了，就需要用杀毒软件给电脑杀毒。 4. 许多人喜欢享受驾驶汽车的乐趣。随着自动驾驶技术的出现，有人担心未来会失去这方面的乐趣。
数字技术	机器人、数字机遇与风险、数字教育		1. 这是个扫地机器人，可方便了。你把开关一开，它就可以帮你打扫房间了。 2. 那个软件使用起来可麻烦了，我再也不想使用它了。 3. 不管科技如何发达，教师对学生的爱与关怀都是机器人无法代替的。 4. 到目前为止，数字技术在我们学校的教学中已经有了比较充分的应用。

6 级

子主题	话题示例	活动示例	语句示例
自然环境	城市化、自然风光与动植物保护、绿色发展	1. 辩论赛：城市化利大于弊还是弊大于利？	1. 据调查，去年本地区城镇常住人口已达 299 万。 2. 保护动物，不是要把动物关起来，而应该把环境建设好，让野生动物自由而愉快地在保护区生活。 3. 森林就像是地球的肺，它维持着氧气的平衡，满足着人类生存的需要。 4. 绿色发展对推动社会健康发展有重要意义。
人类与健康	食品安全、疾病与医疗观念、志愿活动		1. 日常生活中，如何避免细菌性食物中毒？首先要做到食物生熟分开，然后要保持清洁。 2. 医生或者患者往往更容易相信和依赖实验报告与仪器检查，反而忽略对话与交流、关爱与信任。 3. 每一个民族都有自身对于疾病的认识，生活在不同文化背景中的人群存在文化差异，也就导致“求医问药”的方式不同。 4. 志愿活动让我看到了自己所具有的潜力。在奉献爱心的同时，我也找到了自己的价值。

词汇示例	语法点示例	文化点示例
情节、评论、年度、病毒、控制、杀毒、软件、享受、随着、遵守	8.“把”字句3（表处置）：主语＋把＋宾语＋一＋动词 9. 比较句5：跟……相比 10. 假设复句：一旦……，就…… 11. 用“再也不/没”表示强调 12. 句群	12. 中国近现代杰出人物及其故事（袁隆平等） 13. 中国古代发明与技术（四大发明、桥梁等） 14. 中国当代前沿科学技术 15. 青少年对待科技的态度 16. 中国人网购的特点 17. 互联网对中国消费方式的影响等
清理、更新、启动、等级、画面、配套、加速、二维码、前景、传真、商标、专利、违反、通用、法规、利润、技能、接触、注册、幅度、成效、划分、意识、修复、连接、模式、配备、指示、分成、签约		

词汇示例	**语法点示例**	**文化点示例**
援助、融合、边缘、村庄、楼道、场馆、都市、绿化、打造、户外、平衡、危机、宠物、繁殖、洪水、天堂、侵犯、港口、天然、壮观、景点、宽阔、名胜、观光、电动、高峰、节能、冷气、消耗	1. 类后缀：－性 2. 程度副词：特 3. 时间副词：时时 4. 介词（引出凭借、依据）：据 5. 连词（连接词或词组）：而$_2$、与$_2$ 6. 连词（连接分句或句子）：若	1. 主要国家和城市的地理位置及气候特点 2. 中国气候的多样性及其主要特点 3. 各国珍稀动物 4. 不同文化中关于动物的隐喻 5. 中国的医疗体系 6. 中国人的医疗观念 7. 中医在病理诊断和治疗方面的特点与理念 8. 中国青少年主要的体育活动（武术、乒乓球等） 9. 二十四节气与气候 10. 中国著名的自然风光及其地理位置
奶粉、细菌、到期、成分、疾病、食欲、症状、血液、病情、外科、好转、急救、康复、细胞、心脏、血管、晕车、复苏、捐助、捐赠、患者、仪器、丧失、医药、病房、预约、流感、应急、保健、发炎		

子主题	话题示例	活动示例	语句示例
媒体	广告、 媒体的倾向性、 流行影视作品	2. 以小组为单位，讨论一下同一事实不同媒体（如报纸、电视等传统媒体和自媒体等）表达方式的异同。 3. 小组合作，为一部同学们自己母语的影视剧设计中文配音。	1. 这条创意广告的主题是：热爱生活，保护环境。 2. 进入 21 世纪以来，互联网与移动互联网成为新时代广告的主流平台。 3. 媒体本身应是一种具有一定独立性的社会力量，媒体的社会责任是维护绝大多数人的根本利益。 4. 影视作品中的暴力镜头会影响青少年的健康成长，这个问题应该被重视起来。
数字技术	数字产品应用、 古代科技发展、 当代科技前沿		1. 在智慧课堂系统中，学生能够随时参与互动，教师也可以时时了解学生的学习过程。 2. 中华民族在世界科技创新史上有过光辉成就，火药、指南针、造纸术和活字印刷术四大发明便是其中最具代表性的。 3. 著名科学技术史学家李约瑟博士在其著作《中国科学技术史》中介绍了中国古代的很多科学技术成果。 4. 中国的高铁速度特快，坐在里面感觉很稳。若有机会，我还要坐高铁去旅行。

高等（7~9 级）

子主题	话题示例	活动示例	语句示例
自然环境	世界自然遗产、 濒危动物保护、 自然灾害、 环境保护		1. 滇金丝猴之所以被称为“雪山精灵”，不仅是因为它们的颜值，更由于它们种群极为稀少，避居雪山深处，平常颇难见到。 2. 由于栖息地遭到破坏、过度开发、气候变化、外来物种入侵、自身繁殖受限等因素，一些野生植物濒临灭绝，亟待采取有效的保护拯救措施。

词汇示例	语法点示例	文化点示例
栏目、创意、定位、主流、远离、动画、品牌、爆炸、英雄、极端、倾向、情绪、名誉、操纵、传媒、焦点、解说、策划、信用、人权、娱乐、暴力、元素、屏幕、海报、反响、公众、影迷、评选、嘉宾 互动、网页、智慧、赌博、通讯、近视、遭受、欺负、侵犯、隐私、威胁、手续费、纠纷、光辉、绘画、铅笔、桥梁、精美、巧妙、储存、传输、盛行、火箭、革新、科研、袖珍、仪器、场景、重组、轨道	7. 结构助词：所 8. 趋向补语 5（表示状态意义）：动词 / 形容词 + 下来 / 下去 / 起来 / 过去	11. 中国人锻炼身体的方式（跑步、游泳、太极拳、八段锦等） 12. 中国近现代杰出人物及其故事（袁隆平等） 13. 中国古代发明与技术（四大发明、桥梁等） 14. 中国当代前沿科学技术 15. 青少年对待科技的态度 16. 中国人网购的特点 17. 互联网对中国消费方式的影响等

词汇示例	语法点示例	文化点示例
堤坝、戈壁、耕地、湖泊、山川、入侵、幸存、拯救、稀少、渺小、警钟、恶劣、惨痛、粪便、坟墓、废墟、	1. 能愿动词：需 2. 程度副词：颇、极为、尤为 3. 范围、协同副词：皆	1. 中国环保面临的挑战和应对举措（“双碳”战略、“绿水青山就是金山银山”等） 2. 地理环境对中国文化和民族性格的影响

子主题	话题示例	活动示例	语句示例
自然环境		1. 每位学生负责调查一处世界自然遗产所在地的情况后，用中文向大家讲解，最后由全班选出最有魅力的讲解员。 2. 分组深入调查某一环境问题（现状、原因及治理对策等），制作校园环保白皮书与全班分享，如濒危动物的生存现状、白色污染、核辐射等。 3. 撰写演讲稿，为弱势群体（如残障人士、贫困人群等）发声，呼吁校园内的师生关注弱势群体。	3. 近年来，中国政府尤为重视生态环境保护，提出了“绿水青山就是金山银山”的口号。 4. 按照气候变化国际公约的要求，发展中国家在得到发达国家资金、技术支持的情况下，需在国内采取可持续发展的行动，控制温室气体的排放。
人类与健康	突发公共卫生事件、 中医与西医、 弱势群体与贫困、 医疗技术与伦理		1. 各成员国应建立一个可持续且长期的数字化监控体系，以便对各种公共卫生疫情实施更好的监测。 2. 针对南北地理的不同、四时气候的不同，以及病人体质和病情的不同，采取不同治疗方法，体现了中医临床治疗个体化、精准治疗的特点。 3. 比起过去，最近大众媒体对弱势群体的报道越来越多。这样一来，公众也越来越关注这一话题了。 4. 议会以235票对230票之微弱多数通过议案，反对用克隆人技术进行医学研究，并建议联合国全面禁止克隆人类。
媒体	新媒体与传统媒体、 网红与虚拟偶像、 新闻审核与虚假信息、 信息茧房		1. 在以数字技术为基础、以网络为载体进行信息传播的新媒体兴起之后，传统媒体遭遇了严峻的挑战。 2. 网红，也叫网络红人，是指在现实或者网络生活中由于某个事件或者某个行为受到网民关注，从而走红的人，或者是长期持续输出专业知识而在网上走红的人。

<table>
<tr><th>词汇示例</th><th>语法点示例</th><th>文化点示例</th></tr>
<tr><td>肥沃、灌溉、刮风、海啸、焚烧、低碳、温室、能源、防汛、覆盖、根源、泛滥、核武器、辐射</td><td rowspan="3">4. 关联副词：亦
5. 介词（引出凭借、依据）：基于
6. 连词（连接词或词组）：及
7. 助词：之
8. 固定短语：综上所述、这样一来、总的来说 / 总而言之
9. 固定格式：所谓……就是……；以……为……；因……而……
10. 比较句 6：比起……（来）
11. 递进复句：……，进而……
12. 因果复句：之所以……，是因为 / 是由于……
13. 句群</td><td rowspan="3">3. 中医与西医的诊断、治疗方式和特点
4. 中国医疗保险制度的特点及其对人民生活的影响
5. 中国退休养老制度的特点及其对人民生活的影响
6. 中国社会救助制度的特点及其对人民生活的影响
7. 中国妇女权益保障的特点及其对性别平等的影响
8. 中国杰出科学家的事迹（屠呦呦、钱学森等）
9. 中国科技发展的政策和人才培养的举措
10. 科技发展对中国经济和社会生活的影响
11. 中国古代水利工程的特点及影响
12. 中国重要的互联网平台和新媒体的特点
13. 中国新媒体和自媒体对中国社会生活的影响</td></tr>
<tr><td>感染、防疫、患病、就诊、隔离、缴费、治愈、激素、窒息、监控、敦促、针灸、炎症、胶囊、耗费、苛刻、驳回、扭转、克隆、变异、伦理、胚胎、移植、萎缩、孕育、诱发、衍生、肿瘤、麻痹、癌症</td></tr>
<tr><td>弘扬、僵化、蓬勃、崭新、载体、严峻、较量、轨迹、舆论、歪曲、审核、荒诞、兼顾、谋求、轰动、掀起、讽刺、楷模、发酵、庸俗、鉴别、便捷、狭隘、破碎、凸显、诱惑、分歧、骇人听闻、根深蒂固</td></tr>
</table>

子主题	话题示例	活动示例	语句示例
媒体			3. 综上所述，智能内容审核系统可以帮助平台内容审核团队兼顾效率和质量，加强对信息内容的审核与把关，既发挥了新技术的优势，又彰显了人的智慧，实现了人与机器的优势互补。 4. 所谓“信息茧房”，形容的是信息传播中受众只关注喜欢的内容，进而陷入相似信息的“回音室”，久而久之，如同蚕一般作茧自缚，既冲不出去，外面的信息亦进不来。
数字技术	互联网与数字鸿沟、电子商务、人工智能、个人信息安全	4. 以小组为单位，讨论科技给不同年龄层人们带来的便利和困扰。	1. 总而言之，随着时代的推移和人类文明的进步，科学技术已经成为每个国家最重视的核心竞争力。对于即将到来的新技术浪潮，人们普遍认为其有五大核心技术领域，分别是 5G 通信网络技术、量子计算、半导体技术、AI 人工智能及自动驾驶技术。 2. 所谓数字鸿沟是指在全球数字化进程中，不同国家、地区、行业、企业、社区之间，由于对信息、网络技术的拥有程度、应用程度以及创新能力的差别而造成的信息落差。 3. 伴随着 5G、人工智能、大数据等技术的创新发展，大量基于 5G 通信技术的智能手机、智能家电、智能汽车、智能机器人应用皆呈现爆发式增长，智能终端开始深刻影响着人们的工作和生活。 4. 在认为人脸识别不太安全的受访者中，有过半受访者因不知道人脸信息如何处理和保管以及是否会被删除而感到担忧。

词汇示例	语法点示例	文化点示例
呈现、缩影、堪称、山寨、垄断、勘探、频率、沉浸、弊端、虚拟、渗透、契机、涌现、对峙、颠覆、瓶颈、驱动、瞄准、窃取、泄露、痕迹、匿名、偷窥、诽谤、恐吓、欺诈、骚扰、诈骗、履行、隐蔽		

主题五：中国与世界

初等（1~3 级）

初等阶段中国与世界主题涉及语言文字、文学艺术、国家民族三个子主题。

1 级			
话题示例		活动示例	语句示例
1A	我的母语	三人一组，相互询问各自及家人的母语。	1. 我的母语是英语。 2. 汉语是我妈妈的母语。
1B	我的家乡	1. 两人一组，互相询问各自的家乡。 2. 看图片，将各国特产与其原产国连线。	A：你家在哪儿？ B：我家在北京。
	学汉语		1. 我喜欢学习汉语。 2. 我想去中国。
	特色产品		1. 这里的面包真好吃！ 2. 那里的水果很有名。
1C	汉字的笔画	1. 看图片，学写简单的汉字笔画。 2. 看世界地图，在合适的位置上贴上相应的国家名牌。	1. 我会写汉字。 2. 汉字不难。
	国家地理		1. 这里是中国。 2. 中国在日本的西边。

2 级			
话题示例		活动示例	语句示例
2A	外语学习	1. 采访同学或朋友，问问他们学过什么外语。 2. 介绍自己喜欢的一位名人。	1. 你为什么想学汉语？ 2. 我只学过一点儿英语。
	著名作家		1. 鲁迅是我最喜欢的作家。 2. 她是一位作家，她的书都很有名，有的已经卖了 1 亿多本了。
	体育明星		1. 我一直都很喜欢体育，科比是我喜欢的篮球明星。 2. 郎平是中国人，是一个排球明星。
2B	中国话		1. 大家都应该学习普通话。 2. 我越来越喜欢学习中文。

词汇示例	语法点示例	文化点示例
汉语、汉字、中国	1. 方位名词：东、南、西、北；东边、南边、西边、北边 2. 能愿动词：会、能、想、要 3. 疑问代词：哪、哪里、哪儿 4. 人称代词：我、你、他、我们、你们、他们 5. 指示代词：这、那、这儿、那儿、这里、那里 6. 程度副词：很、真 7. 名词性词语、形容词性词语、数量短语作定语 8. 感叹句 9. “是”字句：表示等同或类属	1. 汉语拼音 2. 汉字的笔画 3. 汉字的部首 4. 汉字的结构 5. 中国的国家通用语言普通话及主要方言 6. 中国主要大城市的名字及其地理位置 7. 世界主要国家及其地理位置 8. 世界主要国家及其标志性特征 9. 中国的民族 10. 中国各民族的文化特色
北京、家、哪儿		
读书、汉语、好玩儿、学习		
茶、好吃、好看、花		
汉字、好看、教、难、写		
地图、东边、国家、这里、中国		

词汇示例	语法点示例	文化点示例
英文、英语、语言	1. 人称代词：大家 2. 指示代词：这样、那样 3. 数词：千、万、亿 4. 名量词：位 5. 动量词：遍、次 6. 程度副词：特别、十分、挺 7. 范围、协同副词：一共、只 8. 时间副词：一直、已经	1. 汉语拼音 2. 汉字的笔画 3. 汉字的部首 4. 汉字的结构 5. 中国的国家通用语言普通话及主要方言 6. 中国主要大城市的名字及其地理位置
作家、小说、故事		
球队、运动、体育、明星		
普通话、水平、提高		

话题示例		活动示例	语句示例
2B	喜欢的故事	1. 学唱歌曲《中国话》。 2. 分享喜欢的故事/儿歌等，说说它们带给你的感受。	1. 我最喜欢的故事是《精卫填海》，这个故事让我很感动，我读过十多遍。 2. 妈妈给我讲过《三只小猪》的故事。
	唱儿歌		1. 你会唱中文歌，是不是？ 2. 我能用普通话唱《小星星》。
2C	中国画	1. 看视频，了解中国画。学画简单的中国画。 2. 三～四人一组，分享一下自己喜欢的音乐类型。	1. 这样画画特别有意思。 2. 画里的小鸡挺可爱的。
	音乐		1. 我最喜欢流行音乐。 2. 听音乐带给我很多快乐。

3 级

话题示例		活动示例	语句示例
3A	城市特征	1. 看图片，将城市与其标志性特征连线，并做简要描述。 2. 四人一组，讨论我们在日常生活中应该如何勤俭节约。	1. 除了长城，北京还有故宫。 2. 联合国的办公地点不是在纽约吗？
	勤俭节约		1. 我们不应该浪费食物，也不应该浪费水。 2. 姐姐的旧衣服只要没有破，我就可以穿。
	汉语的声调		1. 对我来说，汉语声调比较难，有时候还有变化，很复杂。 2. 为了把声调读准，他往往要练习很多遍。
3B	字母与拼音	1. 列举英语字母和汉语拼音的异同。 2. 选择中国的一个名胜古迹（如天安门、长城等），利用身边的材料制作小模型，并向全班展示介绍。	1. 汉语音节的组合方法跟英语有相当大的区别。 2. 汉语有声调，法语没有。我们只有努力练习才能学好汉语声调。
	名胜古迹		1. 我用木头制作了一个小小的金字塔。 2. 这是法国的埃菲尔铁塔，一共有四层。看起来漂亮极了！
	读小说		1. 读小说是我的日常爱好。 2. 这本书的文字温暖了我的心，给了我很多克服困难的力量。

词汇示例	语法点示例	文化点示例
故事、道理、感动、作家	9. 固定短语：越来越 10. 经历态：用动态助词“过”表示 11. 概数表示法 1： （1）数词 + 多 + 量词 （2）数词 + 量词 + 多 12. 用“为什么、怎么样”等提问 13. 用“是不是”提问	7. 世界主要国家及其地理位置 8. 世界主要国家及其标志性特征 9. 中国的民族 10. 中国各民族的文化特色
普通话、语言		
画、鸡、有意思		
部分、大多数、特点、特别、音乐、流行		

词汇示例	语法点示例	文化点示例
长城、城市、联合国	1. 程度副词：比较、相当 2. 频率、重复副词：往往 3. 语气副词：确实 4. 介词（引出目的、原因）：为了 5. 介词（表示排除）：除了 6. 连词（连接分句或句子）：并且 7. 固定短语：看起来 8. 固定格式：对……来说 9. 程度补语 1：形容词 / 心理动词 + 得很 / 极了 / 死了 10. “把”字句 1（表处置）：主语 + 把 + 宾语 + 动词 + 结果补语 / 趋向补语 / 状态补语 11. 递进复句：……，并且……	1. 汉语拼音 2. 汉字的笔画 3. 汉字的部首 4. 汉字的结构 5. 中国的国家通用语言普通话及主要方言 6. 中国主要大城市的名字及其地理位置 7. 世界主要国家及其地理位置 8. 世界主要国家及其标志性特征 9. 中国的民族 10. 中国各民族的文化特色
浪费、防止、环保、节约、旧		
变化、错误、复杂、反复		
共同、共有、区别、相比、相似		
保存、彩色、成果、制作		
日常、温暖、写作、作者、作品		

话题示例		活动示例	语句示例
3C	动画片	1. 观看几个传统动画短片，选择一个最喜欢的，以小组为单位进行角色扮演。 2. 假设中国朋友来你的家乡旅游，给他 / 她当一下小导游，介绍一下你的家乡。	1. 孙悟空本领确实很大，把唐僧保护得很好。 2. 小鲤鱼一点儿也不怕，跳过龙门，最后变成了龙。
	家乡导览		1. 我的家乡景色特别美，并且人也很友好。 2. 白天我们一起去爬长城，晚上我们一起去吃特色美食。
	文明古国		1. 中国有五千年的文明。 2. 印度和中国一样，也是文明古国。

中等（4~6 级）

4 级			
子主题	话题示例	活动示例	语句示例
语言文字	汉字的历史、汉字的结构、汉字学习	1. 说一说汉字的特点。 2. 小组合作，选择共同感兴趣的一个国家，分工介绍其概况和风土人情。	1. 汉字已经有三四千年的历史了。 2. 无论多忙，她都坚持每天写一个小时汉字。 3. 汉字的主要结构有上下结构、上中下结构、左右结构以及左中右结构等。
文学艺术	画家、音乐家、舞蹈家、建筑家、文化遗产		1. 他是一个画家，在全世界都极有名。我怎么会不知道他呢？ 2. 作为一名艺术家，他的每一个作品都有鲜明的特色。 3. 万里长城和兵马俑都是世界著名文化遗产，连小孩子都知道这两个地方。 4. 五年级的时候，我跟爸爸妈妈一起去希腊旅行，雅典卫城给我留下了很深的印象。
国家民族	祖国、世界各国概况、世界各国风土人情		1. 我的祖国位于欧洲，景色优美，气候很适合居住。只要你来过，你就会喜欢上这里的。 2. 广州被称为“花城”，那里到处都是鲜花。

词汇示例	语法点示例	文化点示例
保护、本领、表演、龙、跳 故乡、家乡、景色、美丽、特色 世纪、世界、文明、消失	12. 条件复句：只有……，才…… 13. 用“一点儿也不……”表示强调 14. 反问句 1：不是……吗？/难道……吗？	

词汇示例	语法点示例	文化点示例
传统、官方、含义、含有、积累、记载、结构、近代、经典、历史、流传、描写、神秘、挑战、未来、吸收、显著、想象、优美、优秀、资源、字母 标志、财富、潮流、称赞、出色、典型、怀念、积累、记载、近代、经典、巨大、角色、历史、流传、梦想、描写、名人、森林、神话、神秘、诗人、挑战、学问、优美、优秀、战争、主题、祝福、著名、著作 春季、典型、冬季、风景、寒冷、季节、江、经典、居民、历史、秋季、热闹、森林、位于、稳定、喜爱、夏季、显著、迅速、移民、优美、优秀、种植、著名、资源	1. 程度副词：极、极其 2. 范围、协同副词：共 3. 介词（引出凭借、依据）：作为 4. 连词（连接词或词组）：以及 5. 固定短语：一般来说 6. 固定格式：在……上/下/中 7. 趋向补语 3（表示结果意义）：动词 + 上/出/起/下 8. 被动句 2：主语 + 被 + 动词 + 其他成分	1. 汉字 2. 中国国画及中国历史上著名的画家与其作品 3. 中国画的艺术特征 4. 中国独特的音乐及常见的传统乐器 5. 中国戏剧的种类、常见曲目名称及故事梗概 6. 中国民族舞蹈 7. 中国传统建筑 8. 中国有名的现当代画家、作家、音乐家、戏曲家、舞蹈家和建筑家

子主题	话题示例	活动示例	语句示例
国家民族		3. 以小组或全班为单位，选择一个神话传说，并以戏剧的形式将主要情节表演出来。	3. 大洋洲是世界上最小的洲，共有16个国家，包括澳大利亚、新西兰等。 4. 意大利是欧洲的一个国家，经济发达，旅游资源极其丰富。
思想与传统	神话传说、寓言故事、家风与家教		1. 这个神话故事在中国非常有名，没有人没听过。 2. 传说神农氏头上长着两只角，牛头人身。人们都说他是一位伟大的发明者，他发现很多草都有药的作用。 3. 一般来说，我们家吃晚饭的时候会讨论一下一天里发生的有趣的事儿。 4. 在父母的影响下，我们兄弟姐妹几个都非常重视家人。哪怕工作再忙，也会定期和家人聚一聚。

5级

子主题	话题示例	活动示例	语句示例
语言文字	流行语、网络热词、旧词新义	1. 搜集三～五个新近流行的词语，并向全班同学说明它们的含义和用法。 2. 以小组为单位，调查一下本班同学的文学或艺术爱好。	1. 网络流行语的主要使用群体是年轻人。每一年都有新的网络流行语出现，但是这些流行语使用一段时间后大都会消失。 2. “内卷”和“躺平”是中国“90后”和“00后”经常使用的词。“内卷”指过度竞争，“躺平”指退出竞争。 3. 网络热词的传播速度一向快得不得了！ 4. 现在“粉丝、吃瓜”等词语在网络中都有了新的意义。
文学艺术	文学爱好、艺术爱好、文学与艺术的魅力		1. 我热爱文学，尤其喜欢散文和诗歌。 2. 我爷爷有很多爱好，尤其热爱书法，每天都练习写毛笔字。随着年龄的增长，他的书法越来越好。 3. 我姐姐从小就喜欢跳舞，她大学的专业是传统民族舞。 4. 拿大卫来说，他原来并不喜欢武术，但是，学着学着就喜欢上了。

词汇示例	语法点示例	文化点示例
	9. 兼语句 2：主语 + 叫 / 称(呼)/ 说 / 收 / 选 + 宾语$_1$+ 做 / 为 / 当 / 是 + 宾语$_2$ 10. 条件复句：无论……，都 / 也…… 11. 让步复句：哪怕……，也 / 还…… 12. 反问句 2：由疑问代词构成的反问句 13. 用双重否定表示强调 14. 用“连……也 / 都……”表示强调	9. 中国的名胜古迹及其景观内容 10. 中国的行政区划 11. 中国气候的多样性 12. 中国著名企业 13. 中国重要传统节日及其风俗习惯 14. 中国有名的神话传说 15. 中国人的尊老爱幼、尊师重教等传统 16. 中国人的家族观念
表扬、称赞、出色、传统、风俗、怀念、婚礼、积累、禁止、经典、角色、老公、老家、老婆、历史、流传、妻子、青春、善良、身份、深厚、叔叔、帅哥、孙子、孙女、童年、问候、喜爱、新郎、新娘、兄弟、丈夫		

词汇示例	语法点示例	文化点示例
成语、出版、辞典、当代、繁荣、感想、古老、好运、华语、活力、进化、竞争、全世界、群体、群众、热门、输出、思维、岁月、特性、特有、提倡、突破、推行、微博、现有、象征、欣赏、一句话	1. 名量词：束 2. 程度副词：尤其 3. 范围副词：大都 4. 时间副词：一向 5. 介词（引出时间、处所）：随着 6. 介词（引出凭借、依据）：凭、依照 7. 固定短语：A 着 A 着 8. 固定格式：拿……来说 9. 多项状语 10. 程度补语 2：形容词 / 动词 + 得 + 不得了 / 慌 / 厉害	1. 汉字 2. 中国国画及中国历史上著名的画家与其作品 3. 中国画的艺术特征 4. 中国独特的音乐及常见的传统乐器 5. 中国戏剧的种类、常见曲目名称及故事梗概 6. 中国民族舞蹈 7. 中国传统建筑 8. 中国有名的现当代画家、作家、音乐家、戏曲家、舞蹈家和建筑家 9. 中国的名胜古迹及其景观内容
繁荣、风光、感想、歌曲、华语、建筑、剧本、浪漫、漫画、人物、散文、诗歌、视频、书法、文艺、舞、喜剧、戏、戏剧、享受、相声、欣赏、修养、一流、展览、珍贵、专辑		

子主题	话题示例	活动示例	语句示例
国家民族	企业、 产品、 品牌	3. 假设你在参加一个博览会，请你推介一下本国最有名的企业和产品。	1. 中国高铁又快又稳，技术一流，规模全世界领先。 2. 他们公司的产品已经凭质量赢得了市场，因而很多公司都愿意跟他们开展贸易合作。 3. 我们公司制定了新的质量管理办法，为的是进一步提高产品质量。 4. 这家公司在加拿大、澳大利亚、法国等国家都有分公司。
思想与传统	风俗习惯、 文化思想、 节日传统	4. 中国有句话叫“入乡随俗”，说一说你的家乡都有什么样的风俗。	1. 不同国家和地区的人相互尊重彼此的风俗习惯是一种礼貌。比如在印度，牛在大街上走，车辆和行人要礼让；依照泰国的传统，不可以用手摸别人的头。我们去各地旅行的时候，应该尊重当地的风俗习惯。 2. 中国不是唯一过中秋节的国家，东亚和东南亚一带好几个国家都有中秋节相关的节日，但每个国家都有自己特有的风俗。 3. 仲夏节是北欧国家的传统节日。每年仲夏节那天，人们都会穿上漂亮的民族服装参加晚会，共同庆祝这个美好的节日。 4. 母亲节是一个感谢母亲、向母亲表达爱意的节日。在这个节日，儿女们往往会给母亲送上一束康乃馨。

6 级

子主题	话题示例	活动示例	语句示例
语言文字	汉语水平、 世界语言分布、 世界语言异同	1. 从听、说、读、写等不同方面说一说你现在的汉语水平。	1. 本人汉语水平还可以，日常跟中国朋友聊天儿都没有问题。 2. 我的汉语不怎么好。连听说都不行，更别说写了。 3. 我现在在学中级汉语，虽然我的汉语水平还很有限，在阅读一些报刊时还需要查词典，但是我喜欢同中国朋友交流，他们能在很多方面给我提供帮助。 4. 西班牙语与意大利语很像，很多单词的写法都是一样的，但是一些单词的发音有一定的区别。

词汇示例	语法点示例	文化点示例
博览会、博物馆、餐馆、餐厅、繁荣、古老、活力、继承、贸易、签订、签约、前景、全世界、热门、为主、一流、拥有、尤其、有着、展览、展示、众多、自豪	11. 因果复句：……，因而…… 12. 目的复句：……，为的是…… 13. 句群	10. 中国的行政区划 11. 中国气候的多样性 12. 中国著名企业 13. 中国重要传统节日及其风俗习惯 14. 中国有名的神话传说 15. 中国人的尊老爱幼、尊师重教等传统 16. 中国人的家族观念
道德、礼貌、勤奋、特有、提倡、推行、唯一、象征、欣赏、一辈子、一带、以往、意识、意味着、饮食、原先、早期、珍惜、众多、尊重、遵守		

词汇示例	语法点示例	文化点示例
办公、报刊、报考、笔试、补课、补习、差异、层面、搭配、多方面、法语、高手、稿子、歌词、核心、解说、借鉴、口试、聊天儿、强化、区分、认同、日语、融合、融入、识字、实践、素质、探索、提升、图书、西班牙语、戏曲、一模一样、因素、用心、元素、增进、自学	1. 类后缀：－性 2. 指示代词：本 3. 程度副词：特 4. 方式副词：不禁 5. 介词（引出对象）：同$_1$、与$_1$	1. 汉字 2. 中国国画及中国历史上著名的画家与其作品 3. 中国画的艺术特征 4. 中国独特的音乐及常见的传统乐器

子主题	话题示例	活动示例	语句示例
文学艺术	名胜古迹、文化名城、旅游景点	2. 以小组为单位，讨论一下你们的母语与汉语的异同。 3. 四人一组，查找资料，介绍本国人口的基本情况。 4. 辩论赛：老师是否应该跟学生做朋友？	1. 说到历史名胜，我不禁回忆起小时候和爸爸妈妈一起爬长城的场景。 2. 伦敦老城区虽不大，但处处是景点。 3. 埃及的金字塔超级壮观。 4. 据我所知，德国是个很迷人的国家，那里有很多名胜，我喜欢在德国旅游。
国家民族	人口情况、人口增长率、人口普查		1. 1949 年至今，中国的人口数量发生了很大变化，总数已经超过 14 亿。但城乡差距比较大，越来越多的人开始去城镇生活，很多村庄都只剩下老一代人了。 2. 日本人口连续多年负增长。欧洲人口在过去 10 年也只保持了低速增长趋势。 3. 据统计，目前印度人口已经超过 14 亿，占世界总人口的 18%。 4. 澳大利亚总人口数为 2600 多万，男性所占比例为 49.8%，女性所占比例为 50.2%。
思想与传统	师生关系、尊敬师长、尊师重教		1. 老师要对学生友好，学生也要尊敬老师。 2. 这个班师生间的互动特活跃。 3. 老师应该在学生面前保持足够的严肃性，可也不能过度，要不然会影响师生关系的和谐。 4. 老师与学生在课堂上是师生关系，但在课堂下可以成为朋友，这能够拉近他们之间的距离，有利于师生间的沟通。

高等（7~9 级）

子主题	话题示例	活动示例	语句示例
语言文字	方言、口音、中国书法		1. 方言是语言因地域方面的差异而形成的变体。中国各地方言众多，不同方言之间差别颇大，其中语音差别最大，其次是词汇和语法。

词汇示例	语法点示例	文化点示例
遍地、常年、场景、城区、出名、创意、地名、佛教、港口、古典、观光、海外、假日、节假日、景点、名胜、难忘、桥梁、盛行、时期、寺、塔、天堂、天下、行程、沿海、演奏、游人、游玩、壮观	6. 介词（引出凭借、依据）：据 7. 连词（连接词或词组）：与 $_2$ 8. 连词（连接分句或句子）：可 $_3$ 9. 结构助词：所 10. 固定短语：不怎么 11. 递进复句：连……也 / 都……，更…… 12. 转折复句：虽……，但 / 可 / 却 / 也…… 13. 假设复句：……，要不然 / 不然……	5. 中国戏剧的种类、常见曲目名称及故事梗概 6. 中国民族舞蹈 7. 中国传统建筑 8. 中国有名的现当代画家、作家、音乐家、戏曲家、舞蹈家和建筑家 9. 中国的名胜古迹及其景观内容 10. 中国的行政区划 11. 中国气候的多样性 12. 中国著名企业 13. 中国重要传统节日及其风俗习惯 14. 中国有名的神话传说 15. 中国人的尊老爱幼、尊师重教等传统 16. 中国人的家族观念
爆发、本土、波动、差异、查看、城区、城乡、城镇、村庄、佛教、富有、海外、基督教、融合、涉及、市民、死亡、岁数、提升、同胞、外来、信仰、沿海、一代、镇、政策、宗教、族		
崇拜、感人、高手、构建、过渡、和谐、互动、活跃、聊、恰当、倾向、情绪、师父、师生、适当、探索、提升、徒弟、心灵、遗憾、意愿、用心、增进		

词汇示例	语法点示例	文化点示例
辨别、辨认、秉承、呈现、传承、错综复杂、地理、地域、端正、对照、耳目一新、发扬光大、发源地、方言、	1. 能愿动词：需 2. 疑问代词：何 3. 指示代词：该	1. 中国使用人数较多的方言 2. 中国各地口音

子主题	话题示例	活动示例	语句示例
语言文字		1. 选择中国书法中的一种，如楷书、行书、草书等，分组查找资料，向全班介绍其特点及代表作品。 2. 小组合作设计一次画展/书法展/摄影展/建筑展，说明其目的、主题和展出内容等。 3. 假如你是市长，你会在本市进行哪些经济改革？	2. 我所在的美国南方地区口音比较重，大家说话都喜欢拖长音，且词和词当中没有停顿。对外国人来说，极为难懂。 3. 楷书笔画平直，字体端正。楷体书法最著名的有欧体、颜体、柳体及赵体。 4. 草书具有很大的灵活性，能够很好地表达书写者之情感。
文学艺术	艺术展览、艺术品拍卖、艺术品交流会		1. 为了丰富校园文化活动，提高学生的审美修养和人文修养，同时给广大摄影爱好者搭建一个互相交流之平台，我们打算在今年五月份举办一次摄影展。 2. 本次校园书法展的主题是“迎新春”，共计100幅优秀作品参展，展品内容丰富多彩，主题鲜明。 3. 本次建筑展共有五个主题，分别是城市、空间、艺术、科技和生活。展出以图片、视频和模型的形式，表达了国内外26位建筑师对这五个主题的不同理解。本次建筑展在业界颇受欢迎，一共接待了五万八千人次。 4. 女士们，先生们，上午好！欢迎参加此次校园拍卖会。今天的拍卖会由我主持，很高兴能为大家服务。希望我的服务能给在座的每一位带来好运。
国家民族	经济改革、种族歧视、贫富差距		1. 该国目前经济不景气，倘若不尽快进行经济改革，经济增长必定会进一步减速，这不利于社会的稳定和发展。 2. 依我看，他们应该创新管理和服务的方式，并且保障市场竞争的公平性。鼓励创新，大力发展高新技术产业尤为重要。 3. 目前，这个国家的失业率很高。国家需为公民创造就业条件，提供就业机会，并鼓励自主创业。

词汇示例	语法点示例	文化点示例
繁体字、风貌、风情、工整、勾画、国学、横、话语、简体字、鉴别、鉴赏、介于、口音、力度、潦草、轮廓、气势、清晰、书面、书写、体系、停顿、通俗、抑扬顿挫、悠久、字体		
昂贵、饱满、宝库、宝藏、保管、爆满、逼真、壁画、编号、编排、标签、标示、别致、灿烂、藏品、陈列、筹办、筹备、筹划、出土、出自、初衷、档次、雕刻、雕塑、顶级、顶尖、发布会、发起人、丰富多彩、感染力、高雅、构思、构想、古董、古今中外、国宝、国画、画展、建筑师、建筑物、鉴赏、开场、来宾、拍卖、颇、情调、情怀、请柬、请帖、人文、入场券、审美、文物、展出、展览会、中国画	4. 复合量词：人次 5. 程度副词：极为、颇、尤为 6. 时间副词：历来 7. 语气副词：必定 8. 介词（引出凭借、依据）：依 9. 连词（连接词或词组）：及 10. 结构助词：之 11. 固定短语：除此之外；综上所述 12. 固定格式：因……而…… 13. 递进复句：……，且…… 14. 假设复句：倘若/若……，……	3. 中国书法的种类及艺术特征 4. 中国有名的书法家 5. 中国经济发展概况 6. 中国金融概况 7. 中国的民族政策 8. “和而不同”的思想 9. 中国的多元文化 10. “人类命运共同体”的理念
保障、贬值、变革、不利于、不景气、不可避免、布局、步伐、长期以来、超前、持久、低谷、低迷、腐败、复兴、富强、富裕、富足、高新技术、根源、跟不上、跟上、国情、货币、减速、拉动、偏见、贫富、贫穷、歧视、牵制、容忍、市场经济、势头、失业率、衰退、税收、统筹、外贸、		

子主题	话题示例	活动示例	语句示例
国家民族			4. 今天是国际消除种族歧视日。至今，在世界上仍然存在种族歧视现象。我们期待有一天种族歧视能彻底消除。
思想与传统	和而不同、多元文化、人类命运共同体		1.“和而不同”这句话出自中国教育家孔子的论著《论语》，意思是在与人交往时要与他人保持和谐友善的关系，但在对具体问题的看法上却不必迎合对方、附和对方的言论。“和而不同”是人和人交往中最好的交际姿态。一方面与他人保持一种和谐友善的关系，另一方面又不刻意迎合对方。这样做既能赢得别人的尊重，又能坚守自我。 2. 中国人历来主张“以和为贵”。这个世界本来就是多姿多彩的。我们皮肤的颜色不同，来自不同的种族。除此之外，我们的信仰和文化背景也各种各样，所以我们要学会尊重和接纳。 3. 人类只有一个地球，各国共处一个世界。环境污染、疾病流行、资源短缺、气候变化等问题层出不穷，对人类生存构成了严峻挑战。不论我们身处何国，信仰如何，是否愿意，实际上我们已经处在一个命运共同体中。 4. 综上所述，在全球化的大背景下，人类已经处在“地球村”中，各国公民同时也是地球公民，全球的利益也就是自己的利益，任何国家采取有利于全球利益的举措，实际上也服务了自身利益。

词汇示例	语法点示例	文化点示例
下调、萧条、一系列、隐蔽、整合、种族、尊严		
秉承、层出不穷、除此之外、出自、多元、附和、共鸣、共识、共同体、共性、和睦、和平共处、和气、价值观、接纳、跨国、刻意、儒家、儒学、圣贤、他人、严峻、言论、友善、迎合、蕴藏、蕴涵、姿态、中庸、众所周知、种族		

二、语言技能

语言技能包括听、说、读、写、译等方面的技能及其综合运用。其中听、读是理解性技能，说、写、译是表达性技能。理解性技能和表达性技能在中文学习中相互促进，相辅相成。进行人际沟通，需要综合运用理解性技能和表达性技能。

1. 初等 1A

初等 1A 中文课程应包含相应的听、说、读、写等技能内容。

（1）听：听发音非常标准、语音非常清晰、语速非常缓慢的最基本的教学用语和生活中最基本的信息，如课堂上的简单指令等。可以利用图片、实物、手势等手段辅助听力理解。

（2）说：用最简单的词语和句子表达相对完整的意思，如简单问候他人，介绍自己的姓名、家庭情况等。

（3）读：阅读生活中最基本的信息，如用汉字书写的日期和方位。

（4）写：手写或用电子设备输入相应等级的汉字，借助拼音等用最简单的词语进行意思相对完整的书面表达。

2. 初等 1B

初等 1B 中文课程应包含相应的听、说、读、写等技能内容。

（1）听：听发音标准、语音清晰、语速缓慢的基本的教学用语，简单的词语和句子。可以利用图片、实物、手势等手段辅助听力理解。

（2）说：用简单的词语和句子表达完整的意思，如简单谈论自己的喜好、愿望，说明方位和处所，与他人进行简单寒暄等。

（3）读：借助拼音和图片阅读中文环境中的一些常见标牌和提示信息等。

（4）写：手写或用电子设备输入相应等级的汉字，借助拼音等用简单的词语进行书面表达。

3. 初等 1C

初等 1C 中文课程应包含相应的听、说、读、写等技能内容。

（1）听：听常用的教学用语、简单的歌谣与语句简单的音视频。可以利用图片、实物、手势等手段辅助听力理解。

（2）说：吟唱简单的歌谣；用简单的词语和句子进行简单问答，如询问商品价格、介绍自己房间里的设施等。

（3）读：借助图片、拼音等，阅读日常生活中最常见的标识，看懂中文课表的基本内容等。

（4）写：手写或用电子设备输入相应等级的汉字；借助拼音等用简单的词语和常用单句进行书面表达，如填写最基本的个人信息等。

4. 初等 2A

初等 2A 中文课程应包含相应的听、说、读、写等技能内容。

（1）听：听常用课堂用语，发音标准、语音清晰、语速较慢的简单故事和音视频中的简单对话。可以使用手势、表情等手段辅助听力理解。

（2）说：用简单的话语表达自己的问题和想法，就个人经历、生活中的常见现象等与他人进行简单交流，如询问同学喜欢的课程、介绍自己所在城市的四季变化等。

（3）读：借助拼音、图片、学习词典等阅读中文媒体上的一些生活类信息，如天气预报、中文菜单等。

（4）写：通过打字或手写的方式用简单的句子介绍与个人生活或学习等密切相关的基本信息。

5. 初等 2B

初等 2B 中文课程应包含相应的听、说、读、写等技能内容。

（1）听：听教师课堂指令以及发音标准、语音清晰、语速较慢的单句为主的自然科学知识介绍等。可以使用手势、表情等手段辅助听力理解。

（2）说：用发音基本正确的简单话语与他人进行信息交流，如介绍自己的课外活动、了解对方的周末生活等。

（3）读：借助拼音、插图、学习词典等阅读简单的书面语篇，如用汉字书写的便条、邮件等。

（4）写：通过打字或手写的方式用简单的句子进行书面交流，如介绍个人生活习惯、兴趣爱好等。

6. 初等 2C

初等 2C 中文课程应包含相应的听、说、读、写等技能内容。

（1）听：听发音标准、语音清晰、语速较慢的单句或包含少量简单复句的对话或一般性讲话，如学校活动安排、当地社会新闻等。可以使用手势、表情等手段辅助听力理解。

（2）说：用发音基本正确的简单句式进行简短的问答、陈述以及社交性谈话，如问路与指路、请求他人帮助、谈论健康问题或中国文化产品等。

（3）读：借助拼音、插图、学习词典等阅读介绍性、叙述性语言材料，如一般的通知、电子消息等。

（4）写：通过打字或手写的方式用简单的句子，介绍与个人生活或学习等密切相关的基本信息。

7. 初等 3A

初等 3A 中文课程应包含相应的听、说、读、写等技能内容。

（1）听：听发音自然、语速基本正常的日常对话或讲话，如影视作品中的人物对话、商店售货员对货品的介绍等。

（2）说：用少量复杂句式介绍自己的观点，表达自己的情感，与他人开展简单讨论等。

（3）读：利用字典、词典等阅读叙述性、说明性语言材料，如中文媒体上的租房广告、球赛海报等生活类信息。

（4）写：用书面形式简单、清楚地表达自己的观点和看法等。

8. 初等 3B

初等 3B 中文课程应包含相应的听、说、读、写等技能内容。

（1）听：听发音自然、语速正常的非正式对话或讲话，如中文媒体上交通状况等简单信息、关于某个活动的计划安排和相关要求等。

（2）说：用少量较为复杂的句式进行简单的介绍和交流，如表达个人愿望、介绍自己喜欢的休闲方式等。

（3）读：利用字典、词典等阅读特定语境下的一些书面介绍，如中文演出的节目单、对某个活动的安排计划等。

（4）写：用电子邮件等书面形式与他人进行简单清楚的书面交流，如告知他人某个活动的细节、个人的愿望等。

9. 初等 3C

初等 3C 中文课程应包含相应的听、说、读、写等技能内容。

（1）听：听发音自然、略带方音、语速正常的非正式对话或讲话，如简单的中文故事、中文导游关于景点特色的简单介绍，内容中可有重复、停顿，可含言外之意。

（2）说：用少量较为复杂的句式比较完整、流畅地讲述简单的故事，进行比较完整的介绍和说明，就某个话题进行简单的交流或讨论等。

（3）读：利用字典、词典等阅读叙述性、说明性语言材料，如简单的中文故事、对景点的简单中文介绍等，理解文章大意和细节信息。

（4）写：用社交软件或电子邮件等进行语句基本正确、表达基本清楚的简单的书面交流，如书写邮件、通知及叙述性短文等。

10. 中等 4 级

中等 4 级中文课程应包含相应的听、说、读、写、译等技能内容。

（1）听：听发音自然、略带方音、语速正常的非正式对话或讲话，内容中可含有重复、停顿等。

（2）说：使用一些比较复杂的句式叙述事件发展、描述较为复杂的情景、简要陈述观点和表达感情，进行一般性交谈。

（3）读：阅读叙述性、说明性等语言材料及简单的议论文。

（4）写：使用简单的句式进行语段表达，进行简单的叙述性、说明性等语言材料的写作。

（5）译：进行非正式场合的接待和简单的陪同口译，翻译简单的叙述性和说明性等书面语言材料。

11. 中等 5 级

中等 5 级中文课程应包含相应的听、说、读、写、译等技能内容。

（1）听：听发音自然、略带方音、语速正常的非正式和较为正式的对话或讲话，内容可有嘈杂的环境、重复和停顿等因素。

（2）说：使用比较复杂的句式进行交谈，较为详细地描述事件，完整地发表个人意见，连贯地表达较为复杂的思想感情。

（3）读：阅读叙述性、说明性、议论性等语言材料。

（4）写：使用较为复杂的句式进行语段表达，进行一般的叙述性、说明性及简单的议论性等语言材料的写作。

（5）译：进行非正式场合的简单交替传译，翻译一般的叙述性、说明性或简单议论性等书面语言材料。

12. 中等 6 级

中等 6 级中文课程应包含相应的听、说、读、写、译等技能内容。

（1）听：听发音自然、略带方音、语速正常或稍快的对话或讲话，内容中可有语病、修正等因素。

（2）说：使用复杂的句式详细描述事件和场景，进行较为流利的讨论和简单的协商，较充分地表达个人见解和思想感情。

（3）读：阅读较复杂的叙述性、说明性、议论性等语言材料。

（4）写：使用较长和较为复杂的句式进行语段表达，进行常见的叙述性、说明性、议论性等语言材料的写作。

（5）译：进行非正式场合的口译，翻译常见的叙述性、说明性、议论性等书面材料。

13. 高等 7~9 级

高等 7~9 级中文课程应包含相应的听、说、读、写、译等技能内容。

（1）听：听语速正常或较快的讲座、专题新闻等语言材料。

（2）说：使用复杂的句式进行讨论、演讲或即兴发言，运用修辞手段增强口头表达效果。

（3）读：阅读各类体裁的文章，掌握各种阅读技巧。

（4）写：进行应用文、说明文、议论文等的写作。

（5）译：进行正式场合的交替传译、口译，翻译各种文体的文章。

三、学习策略

学习策略主要包括元认知策略、认知策略、交际策略、情感策略等。其中元认知策略可以帮助学习者制订学习计划、监控和调整学习过程、对学习过程与结果进行反思；认知策略可以帮助学习者采用恰当的学习方式提高学习效率；交际策略有助于学习者发起、维持交际，提高交际效果；情感策略有助于学习者激发并维持学习动机，调控学习情绪，保持积极的学习态度。

学习策略不受学习者语言水平的直接影响，同一策略可以在不同等级中出现，不同策略也可以在同一等级中学习。

1. 元认知策略

- 制订明确的中文学习目标和计划；
- 积极探索适合自己的学习方法；
- 有意识地加强自己的学习专注力；
- 在交流中注意倾听；
- 主动进行预习和复习；
- 有意识地规划、管理学习时间，提高学习效率；
- 主动利用图书馆、网络等相关资源进行拓展学习；
- 对自己的学习成果进行反思和评价；
- 主动根据需要调整学习计划，遇到问题主动请教；
- 善于抓住课内外用中文沟通和交流的机会开展学习和交流。

2. 认知策略

- 在词语和相应事物之间、新旧语言知识之间、学习内容与个人经历之间建立有意义的联系；
- 利用不同的感官增强理解和记忆；
- 借用图表、思维导图等工具归纳、整理所学内容；
- 通过分类、联想、搭配、构词法等多种方法加深对词汇的理解和记忆；
- 借助不同的资源学习和记忆词语；
- 利用语境学习词汇和语法；
- 关注语法形式、意义和使用，善于发现语言规律；
- 运用预测、略读、跳读、推理、猜测等技巧进行中文阅读；
- 运用列提纲、修改习作、积累词句等策略进行中文写作；

- 借助母语知识以及翻译、联想等方法，理解中文；
- 在学习和使用中文时，对发现的错误进行分析与纠正；
- 积极运用所学中文进行表达和交流。

3. 交际策略

- 没听懂对方说的中文时，请对方说慢一点儿或再说一遍；
- 积极主动参与课内外语言互动活动，阐述自己的观点；
- 运用解释、重复、近似、迂回表达、替代、重组和直接求助等语言手段克服交际中的语言障碍；
- 在沟通和交际中，借助手势、表情等非语言手段提高交际效果和沟通能力；
- 遵守中文交际的基本礼仪，注意并尊重不同文化习俗的差异。

4. 情感策略

- 对中文学习保持积极的态度和自信心，主动参与各种学习和运用中文的实践活动；
- 积极使用中文进行交际，不怕犯错；
- 主动克服中文学习中的焦虑情绪；
- 乐于与他人分享中文学习资源、方法、策略和成果；
- 在学习和运用中文的过程中调控自己的情绪，取得成绩不骄傲，遇到困难不放弃。

第三章　课程评价

一、评价理念

教学评价主要着眼于对学生的学习过程和结果做出定量和定性评定。评价应贯穿中文课程教与学的全过程，通过评价提供及时、准确的反馈，为了解教学目标的达成度和学生的发展状况以及进行后续教学决策提供依据。将评价结果应用到进一步改进教学和提高学生学习成效上，为保证以评促学、以评促教，评价应有助于学生不断体验中文学习的进步和成功，保持并提高中文学习的兴趣和自信心；应有助于教师获取教学的反馈信息，反思自己的教学行为和效果，不断提高中文教学水平和专业能力；应有助于学校和其他利益相关者及时了解中文课程的实施情况、课程目标的达成程度，不断改进教学管理，支持中文课程持续开展。

基于以上理念，国际中文教学课程评价采用：

（1）两条评价路径：形成性评价和终结性评价；

（2）两种评价基准：达标性评价和增值性评价；

（3）多个评价维度：语言知识、语言技能、文化能力、策略能力以及语言理解、语言表达和人际沟通等语言综合运用能力；

（4）多元评价主体：教师评价为主，其他主体评价为辅，包括内部评价与外部评价、学习者自我评价与同伴评价等。

二、评价维度

中文课程的评价可以从不同维度进行。根据聚焦的维度和指标，可以分为综合性评价和分析性评价。综合性评价着眼于学生的语言综合运用能力，在相关情境和任务下，从语言理解、语言表达和人际沟通等维度进行评价；分析性评价聚焦于学生的语言知识、语言技能、文化或策略能力等，可以就具体学习内容展开分项评价。实际教学中，可根据不同等级的目标要求和教学内容灵活选取评价维度，将综合性评价和分析性评价结合起来使用。

1. 语言理解

根据课程目标和内容，评价学习者理解和分析一系列（尤其是大纲所列五大主题）中文书面、语音、图片和视频材料的能力。

2. 语言表达

根据课程目标和内容，评价学习者在一系列情境（尤其是大纲所列五大主题）中准确、有效运用中文进行口头和书面表达的能力。

3. 人际沟通

根据课程目标和内容，评价学习者在各种人际交流场合（尤其是大纲所列五大主题）综合运用交际知识和策略，使用中文有效获取信息和沟通表达各种思想观点的能力。

4. 语言知识

根据课程目标和内容，评价学习者掌握相应等级的汉语语音、词汇、语法和汉字知识的程度。语言知识可以单独制定评价指标，如“给拼音标出正确的声调”“写出汉字的偏旁和部件”等；也可在其他评价维度中融入相关指标，如在口头表达评价中设置“语音准确性”指标，或在写作评价中设置指定词语、语法项目的考查指标。

5. 语言技能

根据课程目标和内容，评价学习者在相应等级下的中文听、说、读、写、译技能。语言技能可以单独制定评价指标，如“听懂 200 字 / 分钟以下语速的日常对话”“根据指定材料撰写一篇 400 字左右的短文”；也可在综合性评价维度中融入相关指标，如“能与朋友就熟悉的话题进行简单问答”“能手写出自己的性别、国籍和出生年月日等”。

6. 策略能力

根据课程目标和内容，评价学习者在中文及中文学习相关的动机、情感、自信心等方面的均衡发展情况；评价学习者综合运用各类资源进行中文学习和中文沟通的能力；评价学习者将中文知识、能力与其他学科知识贯通，综合解决问题的能力。策略能力的评价宜与其他维度评价结合，将相关指标融入综合性评价之中，如“在小组讨论中与组员积极沟通，配合默契”“主题报告材料媒体运用丰富恰当，图文制作精美”。

7. 文化能力

根据课程目标和内容，评价学习者掌握相应等级下（尤其是大纲所列五大主题）文化知识的程度。考查学习者的多元文化意识和中文运用策略，特别是在中文环境中成功进行跨文化交际的能力。文化知识可单独制定评价指标，如“能说出中国春节的习俗”“能比较与反思中国文化和自身的母语文化”；文化知识和能力的相关指标也可融入其他评价维度中，如“能根据不同的社会文化语境选择适宜的中文表达”。

三、评价方式

教学评价应采用多种评价方式和手段，体现多渠道、多视角、多层次、多维度、多方式的特点。形成性评价和终结性评价两条评价路径与达标性评价和增值性评价两种评价基准构成国际中文教学四种常用的评价类型，下面先简要对其进行比较说明。

四类常用教学评价的比较				
评价类型	形成性评价	终结性评价	达标性评价	增值性评价
定义	在教学过程中，为了解学生的学习情况，及时发现教学中的问题而进行的评价	在一个阶段的教学结束时，为判断学习和教学的最终效果而进行的评价	依据教学目标或标准进行的学习者是否达到规定的知识掌握水平和能力要求的评价	根据学生在一段时间内学业成就或学习表现对其发展变化进行的评价
评价目标	了解学习过程，监测教学进展	对阶段性教学的质量做出结论性评价，为教学与学习提供反馈信息	了解学生达到计划教学目标的程度	引导学生多元发展，使教学更有个性化和针对性

（续表）

评价类型	形成性评价	终结性评价	达标性评价	增值性评价
评价内容	各项语言知识、语言技能、文化能力和策略能力等的学习过程	章节、单元、学期、学年等各种阶段性教学的最终结果	学生实际掌握的语言知识、语言技能、文化能力和策略能力等与应该达到的标准之间的比较	学生在一段时间内学业成就或学业表现的变化
评价主体	教师评价、学生自评、学生互评等校内评价为主	校内评价与校外评价并重	校内评价与校外评价并重	教师评价、学生自评、学生互评等校内评价为主
典型评价活动	课堂观察、课堂提问、听写练习、小组讨论、课后作业、课堂活动评价，问卷调查、学习者自我评估、自我反思、同伴互评、纸笔测试、师生面谈、学习者档案评价等	口头报告、演讲、项目研究成果、课程测试（期中、期末考试）、学业水平测试（中文水平等级测试、毕业离校考试）等	学业水平测试、国家或地区统一考试、入学分班测试、毕业离校考试等	标准化测试、自陈式量表评估、课业考试等
结果运用	确定教学需求，了解学习者的特点和语言强弱项，通过持续性的反馈改善并指导教学	了解教学质量，以便制订下一阶段的教学计划，改进教学效果	了解学生学业成绩的达成度及与其他学生的比较情况，以便取长补短，改进教学质量	促进教育公平，增强学生学习动力，进行个性化、差异化教学，促进每个学生进步

国际中文教学评价应将形成性评价与终结性评价相结合、达标性评价与增值性评价相结合、定性评价与定量评价相结合，灵活选择合适的评价方式，提供全面、准确的反馈信息。

1. 形成性评价

形成性评价关注学生在日常学习过程中的表现和成绩，可以在教学过程的多个节点进行。由于评价实施的时间、方式和主体等不同，形成性评价有不同的分类。根据教学实施的环节来划分，一般有课堂评价、作业评价、阶段评价等形式；根据评价的主体来划分，除了教师对学生的评价以外，还有学习者自我评价、同伴评价等形式；根据评价的方式来划分，一般有测验、面谈和档案袋评价等形式。在中小学学段，教师应将课堂活动作为灵活简短的评价手段，对学生的学习表现给予及时评价和反馈，评价结果可进入学生的学习档案，以充分反映个人的成长过程和进步幅度。评价成绩或等级可依据各地日常教学评价的惯例进行设计。下面是一些常用的形成性评价方式。

（1）课堂评价

课堂评价指对课堂教学活动中学生的学习行为、方式和表现所进行的评价。通过课堂评价可以及时了解学生的学习过程、进步情况和遇到的困难。教师可以通过课堂观察、随堂检测等多种方式评价学生的课堂表现，以便及时调整教学目标，改进教学方式方法，提高教学效果。

（2）作业评价

作业评价是国际中文教学过程的重要组成部分。通过作业评价可以及时了解学生语言知识和能力的发展状况，为检验教学效果、发现和诊断学生的学习问题、调整和改进教学提供依据。

（3）阶段评价

阶段评价可以包括单元学习评价或根据教学计划制订的某个阶段的学习评价，重点在于考查学生本单元或本阶段语言知识与技能的发展情况，以及文化意识、核心策略的掌握和运用等情况。考查的依据可以来自课堂评价、作业评价等，也可以是阶段测验和学生的自我总结等，评价的信息可以给教师和学校参考，也可以反馈给学生。

（4）学习者自我评价

学习者自我评价是多元主体评价的一种重要形式，是指学习者依据一定的标准，对自己的学习行为和效果做出分析判断，并对自身的学习进行调节和控制的活动。学习者自我评价本质上是学习主体对自己的学习进行反思和调控，具有自我诊断、自我反馈、自我调节、自我激励和自我发展等多种功能。

（5）同伴评价

同伴评价是指在教师的组织和指导下，学生作为评价的主体，依据一定的评价标准，对同伴的学习成果或学习活动做出判断，并给予反馈的活动形式。同伴评价中学习者作为评价者，可以组内互评，也可以组间互评，学习者在参与评价的活动中需更多地投入和思考。同伴评价可作为参与学习的方式，不但有利于促进学生认知与元认知等高阶认知能力的发展，有利于提高学习者的参与度及学习动机与学习兴趣，还能在同伴评价的社会交往过程中促进学生沟通能力的发展。

（6）面谈评价

教师通过与学生的面谈，全面了解学生发音、听力、口头表达等方面的状况，根据面谈与学生自我报告，结合日常教学观察，全面评估学生听、说、读、写、译各技能和汉字、词语、语法等语言要素的掌握情况，以及学习动机和情感状态等，并通过面谈跟学生一起分析其各方面的强项和弱项，鼓励学生扬长补短努力学好中文。广义的面谈评价包括面谈评判、面谈评测和面谈反馈等内容。面谈评判主要通过面谈的方式了解学生的学习需求、学习经历、兴趣、动机、态度、策略、困难等方面的信息，并对学生的学习状况做出评判；面谈评测主要通过结构化口语面谈测试方式，测定学生的口头语言表达水平及其优势和不足；面谈反馈主要是通过面谈方式对学生各方面的学习情况给予当面反馈，提出学习和发展的建议。面谈反馈可以根据面谈评判和面谈评测获得的信息进行单独或综合反馈。

（7）档案袋评价

学习档案袋是一种侧重于过程性评价的方式，是在教师的指导下，主要由学习者通过收集、整理学习过程中的文档和资料来反映自己的进步。随着信息技术的不断发展，档案袋评价逐步电子化，形成电子档案袋等形式。档案有不同的类型，可以根据档案袋的要求或评价目标灵活选取。

2. 终结性评价

终结性评价是对学习成果的评定，可通过课程测试（期中、期末考试）、学业水平测试（中文等级水平测试、毕业离校考试）等方法获取数据进行评定。终结性评价的命题需科学规范，内容充分体现语言知识、语言技能、情感策略及多元文化意识等评价目标，形式上应积极采用多种多样的试题类型，重视听、说、读、写、译技能的全面考查，控制机械记忆类试题的比例，增加综合性、开放性的试题。

3. 达标性评价

达标性评价用来评定学习者是否完成规定的学习任务，是否达到规定的知识掌握水平和能力要求。达标性评价最常用的方式是通过参加统一的学业水平测试来评定学习者是否达到相应的水平。例如，可以通过测试来确定学习者是否达到《国际中文教育中文水平等级标准》三等九级中的某个等级水平。日常教学中，在确立日学习目标、周学习目标、课学习目标、单元学习目标、学期学习目标或某种阶段性学习目标的基础上，可以通过测试来评价学习目标的达成度，也可以让学习者对照评价表自我评价达成度。

4. 增值性评价

增值性评价常用来评价学生的发展，根据学生在一段时间内不同时间点上的表现（通常是标准化测试成绩）差值，获得学生产生的“增值”情况并对其进行评价，以此来判断学业的进步或者退步，从而衡量学习者知识与能力的发展情况。增值性评价测量的学习成果来源可以是标准化测试、自陈式量表和课业考试成绩等。关于增值性评价方法、内容和结果，教师和利益相关方可根据学生的年龄、语言水平等特点，结合教学目标，选择性采用。

增值性评价有三种测量方法：直接测增值法、间接测增值法和事后测增值法。事后测增值法不是测量学习期间或毕业时的增值，而是以毕业后的学生为考查对象，测量学校教育（特别是大学教育）给学生带来的影响，从而对其学习期间的增值进行评价。这一方法不属于课程大纲的评价范围，课程大纲中的评价一般只采用直接测增值法和间接测增值法。

（1）直接测增值法

该方法通过测量和比较学生在两个不同时间点上知识和能力的发展来评价学习产生的影响，两次测量之差为学生的学习增值。例如，在入学与毕业，或者学习期间的其他两个不同时间点，让学习者先后参加两次 HSK 或本土标准化中文测试，或难度相同具有可比性的其他中文水平考试，以获得其中文水平的增值数据。

（2）间接测增值法

该方法不是直接去评价学生的学习结果，而是采用调查法，一般以学生自我评价的“能力发展”为主，通过调查学生的学习行为和学习经历等方面的情况，依靠学生自陈式量表评估就读期间的学习行为及其发展和增值情况。

5. 其他评价方式

（1）诊断性评价

也称为准备性评价，一般是在课程、学期、学年开始前进行，旨在对学生的知识、技能及情感等学习准备状况做出预测性鉴定，帮助教师了解学生存在哪些不足、是否具备实现当前教学目标所要求的条件，进而调整教学目标或计划，设计可以满足不同起点水平和不同学习风格的学生所需的教学方案。国际中文教学中的诊断性评价可以通过语言诊断测试、分班测试等来进行，也可以通过分析观察记录和学籍档案等手段完成。

（2）外部评价

外部评价是来自课程实施主体之外的评价主体对学生学习效果及成果质量所实施的评价，包括行政评价、社会评价、同行评价、家长评价等，具有主体多元、方法多样等特点。外部评价与内部评价相结合，重点在于改进学生学习效果，改善教学、学习过程和成果。外部评价可由教育行政部门牵头实施，也可由教学督导、校外专家、第三方评价机构等进行评价。外部评价应确保评价方案和评价指标的科学性、合理性，评价方式的多元化，优化评价实施过程，确保评价结果的科学性和可靠性，并注重评价结果反馈及改进建议的制订。可通过标准化统一考试、学生学习效果问卷、课程学习支持满意度调查等进行定量评价，也可通过观察、座谈、访谈等方式进行定性评价。

附录二、三中就上述各类评价方式提供了样表或样题，供国际中文教师在实际教学中参考使用。

附　录

一、常见综合教学模式课例

本附录包含海外教学环境下中小学中文教学的五个课例。

教学有法而无定法，贵在得法。海外中小学中文教学对象、教学目标、教学条件千差万别，各国外语教学传统各有特色，不同的教学项目各有其特定目标，不同的教师各有其教学风格，本附录提供的五个课例旨在提供示例。我们希望这五个课例能在一定程度上体现国际中文教学途径与教学模式的多样性。尽管教学模式不同，但这些课例的基本理念是一致的，那就是：以学生为中心，遵循中小学生认知发展规律和中文作为第二语言的习得规律，兼顾结构、功能和文化，平衡语言形式和表达内容两个方面，将语言知识学习和语言运用实践有机结合起来，以促进学生中文综合运用能力以及文化能力、学习能力和思辨能力、情感和态度的发展为目标。

课例 1　主题式教学

你喜欢什么动物？

主题：动物

对象：小学低年级学生

难度：【初等】1 ～ 2 级

课时：5 ～ 6 课时

（一）教学目标

1. 掌握 5 ～ 6 种动物的中文名字：猫、狗、鸟、牛、熊猫、X【本地代表性动物（如有）】，以及相应的量词：只、头。认识并能书写汉字"牛"。巩固已学句式"这是……""你喜欢……吗？""我（最）喜欢……"、疑问代词"什么""几"以及数量短语的用法。能数出 10 以内的动物数量，并用简单的句子询问和回答喜欢什么动物，语音比较标准，语法基本正确。

2. 感知中文的特点，实现语言智能和其他智能的协同发展。拓展有关动物的知识，了解中国和本地的代表性动物，认识世界各地动物的多样性。提高观察细节和概括事物特征的能力。

3. 享受使用中文的乐趣和成就感。增加对动物和自然的兴趣，并具有初步的探索意识。

（二）教学环节

1. 热身活动

播放一些有趣的动物视频，引起学生对动物的兴趣。

2. 引入主题

教师展示图片或视频：猫、狗、鸟、牛、熊猫、X【本地的一种代表性动物（如有）】。图片或视频中出现相应的动物名字（汉字加拼音）。教师一边展示一边说："这是……"说到熊猫时，教师用学生母语做简单介绍，播放一小段反映熊猫生活习性的视频。

教师再次随机展示某幅图片或某个视频，帮助学生尝试说出“这是……”。

3. 主题活动一：小组竞赛——“看谁反应快”

教师把动物图片挂/贴在教室前面，图片上有动物名字（汉字加拼音）。让学生排成两队，每队依次上前，听教师说出某个动物名字后，迅速用一个拍子拍击相应图片。先拍中者得一分，后拍中者不得分，拍错者扣一分，最后计算小组总分，得分高的小组获得奖励。这一活动旨在强化学生对于动物名字的记忆。

4. 主题活动二：我说你画——“这是什么？”

三个学生一组，一个学生对另一个学生悄悄说一个动物名字，听到的学生用简笔画画出这个动物的特征，再给第三个学生看，问他：“这是什么？”第三个学生回答：“这是……”三人互相轮换。教师课后选出画得较好的图片，在上面加上动物名（汉字和拼音），展示在教室墙上。

5. 主题活动三：同伴交流——“你喜欢什么？”

教师给每个学生发一张表格和动物贴纸，表格第一栏是动物名，后两栏是“喜欢”和“最喜欢”。学生把动物贴纸贴到表格第一栏，并写上动物名字（拼音）。

学生两人一组互相问答：“你（最）喜欢什么？”“我（最）喜欢……”一方根据对方的回答勾选“喜欢”或“最喜欢”。

各小组中的一人向全班汇报：“他/她喜欢……，他/她最喜欢……。我喜欢……我最喜欢……”

6. 主题活动四：大声唱出来——“我喜欢……”

利用当地儿童喜欢的歌曲，填入歌词“我喜欢……”，带学生唱。出于韵律和趣味性的需要，可在语言上稍作调整，如把“猫”“狗”改为“小猫”“小狗”，插入拟声词“喵喵”“汪汪”，等等。

7. 主题活动五：找动物——“谁的眼光好？”

教师展示几幅图片，每幅图片中有两三种动物，每种动物各有若干（1～10），但有的仅隐约可见。如，画中是一片树林，林中有猫、狗、鸟，有的鸟只露出头，有的鸟只露出尾巴。请学生找一找：这里有什么？有几只……？要求学生回答“这里有X只……”。

看谁数得对，说得对。

8. 主题活动六（拓展）：分组讨论——“给它们分分类”

让学生分组讨论一下可以把这些动物分成几类，并说明理由。讨论中主要使用学生的母语，涉及动物名字时应使用中文。分类标准可以多样化，不必有标准答案，学生能自圆其说即可。

各组向全班汇报讨论结果。教师讲评。

9. 主题活动七：汉字学习

教师在屏幕上展示甲骨文“牛”（象形字），让学生猜猜是什么字。然后再动态展示“牛”从甲骨文到现代文字、从象形到非象形的变化过程。

让学生跟写“牛”字。教师一边书写一边说笔画名称（学生对笔画名称有所感知就行，不必掌握）。教师巡视学生书写情况并进行指导。

教师挑选出写得比较好的字，展示在教室的专题栏目里。

（三）课例阐释

本课例基本按照主题式教学的理念，针对小学低年级和中文低水平学生设计，所选主题为动物，内容简单，全课通过游戏活动逐步实现教学目标，在活动过程中尽量运用多种智能类型。

教学内容和活动设计中关注了拓展国际视野、培养探索精神等方面的培养目标。

教学内容和难度可根据学生实际水平和课堂表现灵活调整。另外，本课要掌握的当地代表性动物名词所搭配的量词不一定是“只”或“头”，教师可能需要根据实际情况增补一个量词。

课例 2　沉浸式教学

曹冲称象

主题：小故事

对象：小学生

难度：【初中等】3 ～ 4 级

课时：5 ～ 6 课时

（一）教学目标

1. 掌握本课涉及的重点生词，如：从前、称、重量、大象、石头、沉、浮、线；以及一些短语和格式，如：沉下去、浮起来、让某人做某事、只要……就……。能听懂“曹冲称象”的故事梗概，以及这个故事里用到的大部分词语和格式；能读懂采用汉字和拼音夹杂书写的几个关键句，并能口头复述这几个句子。

2. 开阔视野，对中国故事和传统文化产生兴趣。

3. 了解称重的方式，感知水的浮力，认知等量关系，提升逻辑思维能力和问题解决能力。

4. 享受使用中文的乐趣和成就感，提升好奇心和想象力。

（二）教学环节

1. 热身活动

通过图片、实物或视频展示各种秤（杆秤、磅秤、托盘秤、弹簧秤、电子秤等）。教师介绍：“这些都是秤。秤是干什么用的呢？是用来称重量的。你想知道这个东西有多重，就用秤来称一下。”边说中文边板书或在屏幕上呈现关键词（汉字加注拼音）：秤、称、重量。

教师展示若干图片，如一小串葡萄、一堆石头、一个孩子、一头大象，边展示边说物体的中文名称（其中“石头”“大象”需出示汉字及拼音）。教师引导学生一起交流：

教师：（指着某物体的图片）用哪一个秤来称它的重量？

学生：（指着秤的图片）用这个（秤）。/ 用那个（秤）。

教师：（指着大象的图片）用哪一个秤来称它的重量？

学生：不，不行，不能称。

教师：嗯，不行，不能称，没办法称。为什么？

学生：因为大象太大了，太重了。

教师：是的，大象太大了，太重了，不能称。

2. 教学活动一：称一称，它多重？

教师准备好一个电子秤和一些常用物品，让学生上来称一称有多重，用中文大声说出重量，并把重量填写在教室前面的一张大表里。教师提示："这个东西有多重？现在我要让你们来称一称。请告诉我它有多重。请把重量写在这个表格里。"（教师提示"克""千克 / 公斤"等词）

3. 教学活动二：小实验

教师准备一个较深的盆，盆里放满水，水里放一个塑料盒，塑料盒里放入某物品，然后再取出，换另一物品重复一遍。学生围观。教师（边说中文边做手势）："你们看，盒子沉下去了，盒子浮起来了，盒子又沉下去了，盒子又浮起来了……"

教师放入一个苹果，盒子下沉，让学生沿水面在盒子边上画一条线。教师："XXX，来，你在这儿画一条线（用手势示意）。"

教师取出苹果，逐步放入若干颗葡萄，使盒子再次下沉到画线处。学生围观。教师："你们说，这些葡萄有多重？"（引导学生）"这些葡萄的重量和苹果是一样的。只要知道苹果的重量，我们就可以知道葡萄的重量了。"

教师让一位同学称一称苹果的重量，再称一称葡萄的重量，并报告重量。教师板书或用图片呈现约等式：葡萄的重量≈苹果的重量。教师（指着约等式，并做手势）："……是一样的，是差不多一样的。"

回顾刚才做的事，教师板书或呈现关键词（汉字加注拼音）：线、一样、只要……就……

4. 教学活动三：听故事

从动画片《曹冲称象》中截取若干体现关键性情节的画面。教师一边呈现这些画面，一边讲述曹冲称象的故事（文本附后）。讲述时充分使用体态语和其他辅助手段帮助学生理解。

5. 教学活动四： 给动画片配音

选取动画片《曹冲称象》的主体部分，静音放映。选取若干重点画面，让学生想一想：画面中曹冲在说什么？请学生思考后回答。

教师给出曹冲说的几句话以及其他人的简单应答，以书面形式（拼音为主，夹杂重点汉字）加到相应画面旁边，并带领学生朗读这些话。学生练熟后，隐去文字，让学生尝试给画面配音。提醒学生注意语气语调。

最后，让学生正式配音，教师录制保存，给下一届学生参考。

6. 教学活动五（拓展）： 给动画片配旁白

在学生水平较高的情况下，可让学生为动画片《曹冲称象》的主体部分录制旁白。教师先指导学生准备好文字稿（汉字夹注拼音），文字稿修改完善后，正式录制旁白。

（三）课例阐释

这是一堂以双语教学为背景设计的中文课，主要体现沉浸式教学的特点，其中也吸收了 TPRS 教学法、戏剧教学法的一些元素。在沉浸式教学中，由于课堂上全程仅用中文，为保证理解效果，要特别注意选择易于理解的内容，搭建多重支架，调动视觉、听觉、触觉等多种感知途径，充分利用图片、视频、实物、现实语境、体态语等辅助手段。同时，在理解的基础上积极引导输出。本课例在设计上尽量体现上述特点。

对这个故事涉及的语言知识，可做分层要求。有的词如“聪明”等，可能学生已经学过，需要复习、强化；有的词如“称、大象、沉、浮”等是本课生词，需要加以凸显；有的词如“赶紧”等，不影响内容理解，可不要求掌握（见下面的文本。当然，文本中也可以干脆不用这些词）。

教学中可利用上海美术电影制片厂二十世纪八十年代拍摄的动画片《曹冲称象》，对其主体部分略作加工后使用。如果有相应的绘本，也是很好的教学资源。

【附“曹冲称象”故事参考文本】

从前，有一个小孩叫曹冲，他非常聪明。曹冲的爸爸叫曹操。有一天，有人送给曹操一头大象。曹操想要知道这头大象有多重。可是，大象那么大，那么重，怎么称呢？曹冲想了一个办法，他让大象走上一条大船，大象很重，大船马上就沉下去很多，曹冲让人赶紧在船边上沿着水面画了一条线。大象离开大船以后，大船马上就浮起来了。然后，曹冲让人在船上放了很多石头，大船马上就沉下去很多，曹冲让人在船上再放一些石头，大船就又沉下去一点……慢慢地，水面又回到了船边画线的那个地方。

曹冲说："好了，来，我们来称一称这些石头有多重吧。只要知道这些石头有多重，我们就可以知道大象有多重。大象的重量和石头的重量，应该是一样的，嗯……是差不多一样的。"

你看，曹冲真是一个聪明的孩子。

课例 3　任务型教学

当一天小导游

主题：为中国游客介绍本地特色

对象：小学高年级或初中学生

难度：【初中等】3 级及以上

课时：6 课时

（一）教学目标

1. 掌握完成本任务所需要的词语，如：居民、特色、风俗、饮食、为主、历史、传统、景点，以及一些与本地风貌相关的词语。掌握一些常用格式，如：自……起；首先……，其次……；……，所以 / 因此……。掌握一些语法项目，如：动词重叠、形容词重叠、各类补语、比较句等，这些语法项目大多应已学过，但需要进一步巩固和提高。了解导游用语在语篇结构和语体风格等方面的基本要求。能以打字或手写的形式草拟一份简单的中文导游词，内容恰当，汉字基本正确（必要时可借助拼音），语言比较规范。口头讲解中发音比较标准，表达比较流畅、得体，并能运用一定的交际策略来提高表达效果。

2. 了解本地概况、特色和传统，以及本地文化与中国文化的一些差异。

3. 提高学习能力，具有一定的搜集和组织材料的能力，以及分析和概括的能力。

4. 增进对本地的理解和情感，以及服务社区的热情。具有良好的团队合作精神和探索精神。提升与异文化来客进行交流的兴趣和自信，乐于表达，享受使用中文的成就感和乐趣。

（二）教学环节

1. 热身活动

带学生观看本地几个热门景点的游客照片，问问学生来本地的中国游客多不多，他们有没有跟中国游客交流的经历。

2. 任务准备

布置任务：假如你要作为志愿者当一天导游，为来本地的中国游客讲解本地特色风貌，你会怎样讲解？请拟一篇导游词，并演示讲解过程。

全班讨论：

（1）教师引导大家一起讨论：中国游客会对本地哪些方面感兴趣？本地有哪些主要特色？每位同学准备一张白纸，把想到的内容要点一一写在纸上（教师帮助列出相关的关键词语和表达格式）。

（2）教师指导学生对列出的内容要点进行梳理、提炼，形成初步大纲。

（3）如果学生对本地某些情况不太清楚，教师可指导学生课后搜索相关资料。

（4）讨论导游词的基本构成，教师给予语篇结构方面的指导。

教师跟学生一起确定完成本任务的分组方式和成员分工。

3. 任务实施

小组讨论，交流、汇总资料信息，确定导游词的详细大纲。讨论交流时尽量使用中文。

小组各成员分别起草导游词的不同部分，然后由一人整合成一篇完整的导游词，全组共同讨论修改。导游词可打印或手写，可以采用拼音和汉字夹杂的形式。

各组将导游词提交给教师，教师就导游词中存在的主要问题给出修改建议。

各组修改导游词后，选派一人向全班演示导游讲解过程。教师需提前说明对于演示的要求，如：讲解时尽量不看稿，应声音响亮，发音清晰，神态自然，配合必要的手势。

其他组同学扮演游客，听完讲解后用中文向导游提出自己感兴趣的问题，扮演导游的同学和他的同组伙伴简要回答。

4. 任务反馈

教师发放任务评价表。全班同学完成评价表，并投票选出最佳导游。

教师从内容和语言两方面对所有上台演示的同学进行点评。

教师针对学生完成任务过程中所用到的重点词语和格式，特别是一些典型的语言错误，组织学生开展相应的聚焦语言形式的练习活动，以强化语言知识学习效果。

教师发放“学习小结”表，供学生课后填写。学生总结自己通过本次任务学到的新知识（包括内容方面和语言方面，如关于本地历史传统的某个典故、本地文化与中国文化的某个共同点、新学的词语和语法知识等等），反思自己存在的不足，把具体收获和不足填写在“学习小结”表中。

5. 延伸拓展

所有学生课后各自制作一个导游讲解视频交给老师。

学生也可以把视频发给中国朋友看，请他（们）提出改进建议，再做修改。

（三）课例阐释

本课例基本按照任务型教学模式设计。任务型教学的核心理念是做中学，以任务为基本教学单位，主要教学环节包括任务前（任务准备）、任务中（任务实施）和任务后（任务反馈）。本课例中撰写导游词的教学过程也吸收了过程式写作教学的思路。

本课例设计的任务是“当一天小导游，为中国游客介绍本地特色”，体现了中文的真实运用情境，并与学生自身生活环境相联系，有利于激发学习动机，强化习得效果，贯联多学科知识，提高学习能力和跨文化交际能力。本课例的任务产出目标兼顾书面输出和口头输出两方面，以输出型活动驱动语言知识学习和技能学习，提升听说读写技能。

对任务完成质量的评估，应兼顾内容和语言两个方面。对当地特色的介绍可详可略，取决于学生的中文水平；在语言产出质量方面，应兼顾准确度、流利度、复杂度三个维度，对于具有中等水平的学生，可在语体风格上适当提出要求。

课例 4 PPP 模式教学

暑假快到了

主题：谈暑假计划

对象：初中生

难度:【初等】2 ～ 3 级

课时：4 课时

（一）教学目标

1. 掌握本课重点词语的意义和用法，如：暑假、打算、旅行、打工、义工、送（报纸）、参加、夏令营、棒。掌握本课语言点并能正确运用，如：……什么的；快 / 快要 / 要 / 就要……了；动词 + 结果补语（V + 到 / 好 / 清楚）。能运用本课词语和语言点口头交流各自的活动计划，语音比较标准，词语和语法基本正确。能写出自己的假期安排、计划，句子比较完整。

2. 对中国的代表性城市有所了解。

3. 具有一定的活动安排决策能力，提升自我管理能力。

4. 对社区公益活动和各类有益身心的活动保持广泛而浓厚的兴趣。乐于与同学和老师使用中文进行交流，提高对中文学习的兴趣和成就感。

（二）教学环节

1. 热身活动

教师引出单词“暑假”，跟同学们简单交流暑假开始和结束的时间，问问大家有什么打算（学生可使用母语或媒介语）。

2. 词语教学

本课生词是：暑假、打算、旅行、打工、义工、送（报纸）、参加、夏令营、棒。另外，课文里有些词如“打扫、讲、故事、放假、好像、游泳、骑、马”等，需要重点复习。

教师通过纸质卡片或幻灯片展示词语，让学生对这些词语的发音和意义有初步感知。对有些词，教师需要适当关注其中的语素的意思，如，让学生猜一猜“暑假”的“暑”是什么意思，“打工”“义工”的“工”是什么意思。另外，对“送（报纸）”的“送”，需要提醒学生注意和“送我一件礼物”的“送”意思不一样。

教师通过师生互动和生生互动引导学生尝试使用这些词语。如，运用生词“暑假”进行问答（教师在互动中适当纠正学生的发音和用法错误）：

教师：XXX，你喜欢暑假吗？

学生1：我喜欢暑假。

教师：为什么？

学生1：因为暑假不上课。

教师：YYY，我们什么时候放暑假？

学生2：我们X月X日开始放暑假。

教师：ZZZ，是吗？ YYY说得对不对？

……

3. 语言点教学

（1）……什么的

教师结合例句解释“……什么的”的意义和用法，然后结合学生生活，设计有关问题，让学生用“……什么的”回答。如：

教师：XXX，你昨天去超市买了什么东西？

学生：我买了牛奶、面包什么的。

教师：YYY，XXX昨天买了什么？

……

（2）快/快要/要/就要……了

教师结合例句解释“快/快要/要/就要……了”的意义和用法，提醒学生注意“要/就要……了”前面可以有时间词语（如：我们下个星期就要放假了），“快/快要……了”前面不能有时间词语。

教师出示一些图片，让学生说出相应的句子，如，教师展示一张乌云密布的图片。

学生：马上就要下雨了。

（3）动词＋结果补语

教师展示若干含有“动词＋结果补语”的句子，通过改变字体颜色或下画线等方式凸显“动词＋结果补语”部分，引导学生理解其意义，并由此引出“结果补语”的概念。如：

他听懂了老师的话。【他听了老师的话 → 他懂了】

教师介绍相应的疑问式和否定式，并与学生进行问答练习。如：

教师：（在屏幕上闪现某个汉字）这个汉字你们看清楚了没有？

学生：我们没看清楚。

教师：（让该汉字停留在屏幕上）现在看清楚了没有？

学生：看清楚了。

教师介绍两个有特殊意义的结果补语：到、好。通过举例说明“到”“好”作为结果补语的意思（如：火车票买到了／门没关好）。

教师设计若干句子，让学生填入结果补语（如：懂、清楚、干净、见、到、好）。如：

您说什么？我没听________，请您再说一遍。

4. 课文教学

听第一段课文的录音，回答理解性问题。

看第一段课文，请学生分角色朗读。教师纠正语音错误。

教师围绕课文具体内容跟学生进行问答练习。必要时可补充“福利院”一词（“去老人福利院帮助打扫房间”）。可利用中国地图让学生了解北京、上海的地理位置，并略作介绍。

教师提供关键词和对话框架，让学生开展对话练习。

进行第二段和第三段课文的教学，过程同第一段。

教师提供关键词和语篇框架，让学生以第三人称复述课文内容。复述过程中可视学生水平情况逐步撤去关键词提示。

5. 综合活动

组织学生分组交流暑假活动计划。

分组活动后，每组派代表向全班汇报自己组内各位同学的活动计划。

在分组活动过程中，教师给予学生必要的帮助，如给他们提供一些补充词语。在分组汇报结束后，教师就内容和语言两方面做具体讲评。

6. 小结并布置作业

总结本课的重点词语和语言点。

布置作业：每人书面填写一份自己的暑假活动计划表。

（三）课例阐释

本课例基本按照PPP模式设计。所谓PPP模式，指先教授新知（presentation），再进行操练（practice），最后是产出性活动（production）。知识学习、语言操练和综合运用不是截然分割的，往往是相互交织、交融进行的，并且在不同环节上可以循环进行。

在PPP模式下，词语、语言点、课文的教学顺序一般是："词语—语言点/语法点—课文"，也可以采用"词语—课文—语言点/语法点"或"课文—词语—语言点/语法点"的顺序。

在使用本篇课文时，教师可根据当时的实际情况，把学生综合活动调整为谈寒假计划、节假日计划、周末安排等。

【附　课文】

（各国中文教师可给课文里的四位学生分别起一个本国常用的名字。）

（1）

学生A：暑假快到了，你有什么打算？

学生B：我打算去做义工。

学生A：做什么义工？

学生B：去帮老人打扫房间，给老人讲故事。你呢？

学生A：我要跟爸妈一起去旅行。

学生B：去哪里旅行？

学生A：去中国，北京、上海……，很多地方。

学生B：飞机票买好了没有？

学生A：买好了，下星期一就出发。

（2）

学生C：快要放假了，你有什么打算？

学生D：我要去打工。

学生C：打什么工？工作找到了吗？

学生D：找到了，每天上午给大家送报纸。你呢？

学生C：我想去参加一个夏令营。

学生D：太好了！夏令营有什么活动啊？

学生C：我还没问清楚，好像有打球、游泳、骑马什么的。

学生D：我最喜欢骑马，非常有意思！

（3）

老　师：马上就要放暑假了，你们打算做什么？

学生B：我打算去做义工。

学生A：我要跟爸爸妈妈一起去中国旅行。

学生D：我要去打工。

学生 C：我想参加一个夏令营。

老　师：你们的活动都非常棒！

学生 D：老师，您呢？

老　师：我想去旅行。不过，我还没想好去哪儿。

课例5 项目式教学

中餐本土化策略研究

主题：中餐本土化发展策略

对象：高中生

难度：【中等】4级及以上

课时：约18课时（不包括搜集资料、开展调研和撰写报告等课外活动的时间）

（一）教学目标

1. 在完成本项目的过程中，学习、掌握相关的中文词语和语法知识，提升中文听、说、读、写、译各项技能。

2. 了解一些有代表性的传统中餐的特色，以及本地餐饮文化与中国餐饮文化的差异。能较好地认识并处理文化差异问题。

3. 在完成本项目的过程中，学习相关烹饪知识、营养学知识、农业和食品加工业及运输业知识、法律知识、社会学知识和文化知识等。具有一定的项目设计和实施能力、团队合作能力，以及初步的学术研究能力。

4. 对多元文化持开放包容的态度，具有良好的团队合作精神。享受使用中文进行创造性活动的乐趣，以及文化交流带来的成就感。

（二）教学环节

1. 热身活动

教师展示一些中国菜的图片，问学生："你们吃过哪些中国菜？对中国菜的印象是怎样的？"

2. 确定项目

首先，教师介绍项目背景和基本目标：由于本地华人不多，以前大家对中国菜所知甚少。近年来，本地陆续开了一些中国餐馆，有的较受欢迎，有的不太受欢迎。受本地中餐行业协会的委托，我们要做一个项目，研究一下如何使中餐在本地得到更好的发展。

然后，教师与学生一起讨论项目的主要内容和目标。主要内容可包括：

（1）选择若干典型的中国菜，分析这些菜的基本特色和制作条件，并结合本地人的饮食习惯分析这些菜是否会受欢迎。

（2）从营养健康、本地产业优势、加工和运输条件、环境保护等多角度分析这些菜的优势和劣势，以及菜品的组合方式。

（3）以一些代表性中餐为例，提出中餐本土化发展策略的建议。

项目的最终目标是：形成一个综合报告（中文和学生母语两种文本），提交给本地的中餐行业协会、餐饮行业相关组织，以及其他感兴趣的部门。

接着，教师与学生一起讨论项目的实施路径。如：

（1）通过教师和学校的帮助，邀请中国中学生、中国厨师以线上形式参与项目，形成国际合作研究团队。

（2）通过中方成员的介绍，了解传统中餐的代表性菜品及其特色、营养、食材、烹饪方式等。

（3）对本地消费者开展问卷调查和深度访谈，综合考察本地中餐馆的情况，了解本地人群对中餐的认知和接受程度。

（4）搜集资料，结合实例，分析本地产业优势、食品加工和运输条件、环保理念和习惯、法律制度和政策等因素对本地中餐发展的影响。

（5）集体讨论，形成关于中餐本土化发展的方向和策略。

最后，教师与学生一起制订完成项目的时间表，以及任务分工等。

3. 项目实施

步骤一：了解中餐的基本特点和代表性菜品

教师提供几篇介绍中餐的文章，在课堂上指导学生阅读，帮助学生了解中餐的基本特点，要求学生掌握相关内容和语言知识。

请中餐知名厨师做一个线上讲座，介绍中餐的基本特点。

组建国际研究团队，与团队中的中国中学生就中餐特点问题在线上开展专题讨论，并把本地中餐馆的一些中餐描述给团队里的中方成员听，问问他们是否认可这样的中餐，一起分析原因。

由团队中的中方成员选出若干有代表性的中餐菜品和点心，对每种菜和点心就其特色、营养、食材、烹饪方式等提供简要说明。团队中的本地成员在教师指导下将这份材料翻译成本地语言。在开展问卷调查和深度访谈时，将这份材料作为附件发给调查采访对象。

步骤二：调研本地消费者对中餐的认知和接受情况

结合上述材料，以“中餐认知和接受情况”为主题，在教师指导下制订面向本地消费者的调查问卷和采访提纲。

通过线上线下多种形式发放调查问卷（文本以本地语言写成）。在教师指导下对问卷进行数据统计和分析。

选择重点对象，分组采访（采用本地语言），在教师指导下整理采访资料，进行总结和分析。

各组汇报调查和采访结果，教师讲评，形成关于本地消费者对中餐认知和接受情况的综合报告。报告以中文为主，也可以夹杂一些母语。

步骤三：分析中餐本土化发展的影响因素

针对本地产业优势、食品加工和运输条件、环保理念和习惯、法律制度和政策等问题，教师选择有关材料，指导学生阅读，要求掌握相关内容和语言。

学生在学习的基础上，针对中方成员提供的代表性中餐菜品和点心，进一步查找有关资料，了解相关信息。

根据资料，分析这些因素对中餐本土化发展的影响，形成一份综合报告，分析本地产业优势、食品加工和运输条件、环保理念和习惯、法律制度和政策等因素对中餐发展的影响。报告以中文为主，也可以夹杂一些母语。

步骤四：提出中餐本土化发展策略建议

在上述基础上，团队中的本地成员讨论中餐本土化发展的方向和策略，提出自己的观点和论据。

召开包括中方成员在内的项目组会议，把本地成员讨论中形成的观点告诉中方成员，听取他们的意见。如果他们有反对意见，看看是否有可能折中采纳。

通过讨论或辩论，汇总基本共识，形成一份完整的关于中餐本土化发展策略的书面建议报告。如果在某些方面存在明显的不同意见，也可如实记录。报告以中文为主，也可以夹杂一些母语。

步骤五：撰写和提交综合报告

分工合作，将上述几份材料（所选中餐代表性菜品和点心及介绍说明，本地消费者对中餐认知和接受情况的调研结果，本地产业优势、食品加工和运输条件、环保理念和习惯、法律制度和政策等因素对中餐发展影响的分析，中餐本土化发展策略建议）整合成一份综合报告。

通过双向翻译，将报告制作成中文和本地语言两种语言版本。教师在课堂上对报告的撰写和翻译提出要求，给出报告的基本结构框架，并在课外与学生保持密切联系，随时答疑解惑，给予指导。

将两种语言版本的报告分别提交给本地的中餐行业协会、餐饮行业相关组织，以及其他感兴趣的部门。

4. 项目总结

教师在评阅综合报告的基础上，对项目完成情况进行点评。学生对自己的收获和不足进行总结和反思。

（三）课例阐释

本课例基本按照项目式学习（project-based learning）的理念设计。该项目是问题导向的，有明确的产品目标。整个项目持续时间较长，由若干子任务构成，活动过程中涉及多学科知识。开展该项目的过程，是一个综合性的中文学习过程，也是学生综合素养全面提升的过程。

本课例中的项目内容和实施途径，严格地说应该是在师生共同讨论后确定，课例中的描述，只是基于对通常情况下的内容及相应途径的预估。本项目实施过程中学生在中文知识和技能方面的具体收获，取决于项目内容的广度和深度；另一方面，项目的完成质量，受制于学生的中文水平、相关学科知识水平和综合能力。

项目的目标产品固然是驱动学生学习和探究的关键动力，但作为一个教学行为，该项目的根本价值在于学生参与项目的过程本身。教师需根据学生的中文水平和教学条件等情况提出切实可行的要求，在活动过程中注意激发和尊重学生的自主性，并给予具体帮助和指导。

教师在项目开始前须明确宣布对本项目学生表现的评价标准，注意体现教师评价、同伴评价和学生自我评价三者的结合。

二、常见评价样表示例

1. 任务式作业评价样表（以初等 2 级水平为例）

任务式作业“设计校园宣传彩页”评价表

<table>
<tr><td colspan="2">姓名：</td><td colspan="4">情境：你的学校想与一所中国中学结成姐妹学校。校长希望你们设计一款包含校园吉祥物的中文宣传彩页，这样既能受到两国中学生欢迎，又能巧妙地通过吉祥物展示本校文化。做得最好的一份设计将有机会被选为学校官方中文宣传页，发送到中国各地的中学。</td></tr>
<tr><td colspan="3">任务目标：
1. 我能介绍自己学校的设施、课程、环境、课外活动等。
2. 我能介绍动物身体部位、颜色等。
3. 我能正确使用一些复杂的句式和语法，如“又……又……”“不但……，而且……”、比较句等。
4. 我能设计一款图文并茂、包含校园吉祥物的中文宣传彩页。
5. 我能准确地向大家介绍宣传彩页的设计理念和特色。</td><td colspan="3">任务要求：
1. 整理本校课程设置、环境、课外活动等内容，把它们呈现到宣传彩页上。
2. 调查两国中学生喜欢的动物类型，选出最能代表你们学校文化的吉祥物。
3. 从吉祥物形象、代表含义、是否符合文化习惯等角度，向大家介绍你们选择这个吉祥物的原因。
4. 推荐你们的宣传彩页，陈述时需包括描述性词汇（挺……的、十分、特别等）、色彩类词汇，让介绍更有说服力。</td></tr>
<tr><td colspan="2">评价标准</td><td>天才（A^+、A）</td><td>大师（B）</td><td>工匠（C）</td><td>学徒（D、E）</td></tr>
<tr><td colspan="6">有下画线部分评价主体是个人，无下画线部分评价主体是小组。二者各占一半成绩。</td></tr>
<tr><td rowspan="2">任务实施</td><td>时间利用
5%</td><td>合理利用课堂时间。无须老师提醒，能一直把注意力集中到完成任务上。</td><td>合理利用课堂时间。大部分时间能集中注意力做任务，偶尔需老师提醒。</td><td>较合理地利用了课堂时间。能勉强集中在任务上，但注意力易分散，需老师多加提醒。</td><td>无法有效利用课堂时间，注意力无法集中，需老师不断提醒。</td></tr>
<tr><td>分工安排
5%</td><td>分工明确，工作分配公平合理。</td><td>分工较明确，工作量不太平均。</td><td>分工还算明确，工作量很不平均。</td><td>分工不明确导致任务重复，工作量严重不均。</td></tr>
</table>

任务实施	合作技能 5%		能用中文介绍自己的想法，总是能就他人的看法提供反馈。	基本能用中文介绍自己的想法，大部分时间能就他人看法提供反馈。	能用中文介绍自己的想法，但总体上较简单，偶尔能就他人看法提供反馈。	能用几个简单的词汇、短语说出自己的想法，无法就他人的看法提供反馈。
	语言内容 25%		1. 包含了要求中的所有信息。 2. 句子完整，包含多种复杂句式、语法。 3. 文字部分基本正确，无明显错误。	1. 包含了要求中的所有信息。 2. 句子较完整，使用了2～3个复杂句式。 3. 文字部分有一些明显的错误。	1. 包含要求中的大部分信息。 2. 句子较完整，但句式单一，无复杂句式。 3. 文字部分错误较多。	1. 包含了要求中的一些信息。 2. 无整句，只使用了词汇或短语。 3. 文字部分错误较多。
	图文视觉 10%		图文排版合理，创意十足，有吸引力。	图文排版较合理，有一定创意和吸引力。	图文比例不协调，吸引力和创意一般。	仅有图片或仅有文字，总体上没有吸引力。
	表达演示 35%	小组 5%	小组汇报的内容井然有序、连贯性强。	小组汇报的内容连贯性较强。	小组汇报的内容连贯性一般。	小组汇报的内容之间基本没关系。
		个人 30%	1. 始终使用中文，句子完整，句式多样，交流中基本没有错误。 2. 流利地介绍了设计理念和特色。	1. 始终使用中文，大多数句子完整，使用了2～3个复杂句式。 2. 较为流利地介绍了设计理念和特色。	1. 大部分时间使用中文，句子较完整，偶尔使用短语或词汇，句式单一。 2. 结结巴巴地介绍了设计理念和特色。	1. 不能连贯地说出句子，主要靠汉语短语或词汇。 2. 无法顺利介绍设计理念和宣传页特色。

任务实施	情感和态度 5%	展现出一丝不苟的学习态度和强烈的学习动机，积极参与课程并促进班级其他同学的共同学习。	对学习展示出较大的兴趣，付出高于平均水平的努力来完成学习任务。	很少展现出对学习的乐趣和成就感，学习的动机较弱。	没有学习兴趣和学习欲望，不愿意参加课程和班级的学习。
	任务反思 10%	能准确总结自己在任务中的优缺点，并据此制订有针对性的中文学习计划。	能总结自己在完成任务中的优势和不足，但制订的学习计划针对性较差。	仅能总结自己在完成任务中的部分优缺点，制订的未来学习计划比较简略。	基本无法独立总结自己在完成任务中的优缺点，制订的学习计划指导意义较弱。
最终评级		天才 A^+ □ 天才 A □ 大师 B □ 工匠 C □ 学徒 D □ 学徒 E □			
评语					

2. 项目式作业评价样表（以初等 3 级水平为例）

项目探究“我和社区”评价表 ①

年级：	作者：	学科：	日期：
驱动问题：如何改进社区环境，让它更适合自己的发展需求？			
项目目标：每个人生活在不同环境中，个人发展需求不同，如何让身边的社区变得对“我”更友好呢？通过对该问题的探索，中小学生可加深其对周边世界的认识，找到自我认同，同时在改善所在社区环境中贡献自己的力量。			
实现项目所需掌握的话题内容（初等 3 级）： （1）我的个人信息：日常饮食、休闲方式等。 （2）我的日常生活：家庭和社交关系、运动习惯、最近的压力和愿望等。 （3）我的学校生活：学校设施、学习现状、未来的规划等。 （4）我的社区文化：居住环境、实施的环保措施、邻里关系等。 （5）我的身份认同：我的国家、民族、语言等。			
完成项目需要的语言知识和能力： （1）语言知识：知道初等 3 级“个人与社区”话题相关的词汇、语法等。 （2）语言能力：能简单描述自己对驱动问题的看法，理解他人关于该主题书面或口头的描述，并能面向公众流利地介绍本组的想法。 （3）文化能力：了解自己和所在社区特有的文化，发现本地文化与其他文化的异同，更好地审视自己在周边环境中的定位；同时试图改善周边文化，以让其更好地促进所有个体发展。 （4）学习和思辨能力：利用各类学习资源，运用多种学习策略，与同伴或中文母语者一起对“个人与社区”展开自主探究，探索如何让社区生活更有助于自我个性的实现。基于此开展深层次思考，提升理解、概括、分析、比较、推断、批判、评价、创造等思维能力。 （5）情感和态度：在探究“个人与社区”主题中体验中文学习的乐趣和成就感，强化学习动机，积极参加中文活动；养成良好的学习习惯，积极思考，主动学习，勇于克服困难；理解、尊重他人，增强团队合作意识。			

① 表格内容可按需翻译成学习者母语。老师可根据教学需求选取“初等 3 级”中部分或全部话题进行项目式探究。

项目期待的公开作品：

（1）个人作品：1）一张介绍自己在社区中的个人发展需求的海报；

2）一篇介绍社区现有环境优劣势的文章。

（2）团队作品：一个改进身边环境的行动方案，如为残障人士出行设计的路线、为移民提供的语言服务、号召大家保护环境的实际提案等。

（3）其他：小组项目档案——每位小组成员提交三份与项目过程有关的材料。

1）自己对项目的初始想法；

2）自己为所选项目收集的材料（如图片、文字等）；

3）自己对该项目的见解和反思。

项目呈现形式：文章、报告、表演、漫画、广播、视频等。

评级标准参考：

☆☆☆☆ = 优异（Excellent）　☆☆☆ = 良好（Good）

☆☆ = 中等（Average）　☆ = 加油（Partially Meets Expectations）

阶段	学习目标	学习活动	评估结果
总体定级：	评语：		

3. 阶段测验反馈样表（以初等 1A 水平为例）

中文阶段测验反馈表

（Mandarin Test Progress Assessment Feedback）

姓名（Name）：	教师（Teacher）：	
表格中并未给出具体分数，颜色代码代表了你现在与目标的差距。 NO GRADE has been given as the colour code represents the gap between you and your target now. 请记住：这份表格仅代表你现阶段的进步程度。 REMEMBER this table only represents your current progress. 现阶段学习目标（Current Learning Target）： 我能说“你好”和“再见”。I can say hello and goodbye. 我能回答“是、不是”的问题。I can respond to yes/no questions. 我能做自我介绍。I can make a self-introduction. 考试结果表明您是（The test result shows that you are）：		
绿色 Green	你正在实现自己的目标。 You are on track to meet your target.	□
黄色 Yellow	你非常接近自己的目标成绩。 You are very close to your target grade.	□
红色 Red	你的能力不止于此。付出更多努力、下定决心，你将达到自己的目标成绩。 You are capable of more than this. With more effort and determination you can reach your target grade.	□
一分付出，一分收获。 You only get out what you put in.		
为了进一步成长，你应（In order to make further progress, you should）：		

4. 学习者课堂表现自评样表（适用于各等级）

学习者课堂表现自评表①

课堂表现	100%	75%	50%	25%	0%
我对今天 / 本周的中文课感兴趣，上课时一直保持兴奋。					
我在今天 / 本周的中文课上集中注意力认真听课。					
我在今天 / 本周的中文课上认真思考，并主动提出问题。					
我在今天 / 本周的中文课上积极参与课堂活动或讨论。					
我在今天 / 本周的中文课上积极参加小组活动。					
我上今天 / 本周的中文课时认真做课堂笔记。					
通过今天 / 本周的中文学习，我的中文学习动机提高了。					
通过今天 / 本周的中文学习，我的人际沟通能力提高了。					
通过今天 / 本周的中文学习，我的挑战性学习能力提高了。					
我在今天 / 本周的中文课上的优点有哪些？					
我在今天 / 本周的中文课上需要提高的部分有哪些？					

① 适用于各等级，对初级学习者可母语和汉语同时呈现。

5. 课堂口头汇报同伴互评样表（以中等 5 级水平为例）

中文课堂口头汇报同伴互评表[①]

汇报人： 日期： 点评人：		备注：请参考下列量表为同学的课堂汇报打分。 😵 = 不合格　☹ = 合格　😐 = 中等 🙂 = 良好　😊 = 优异	具体案例（可选填）
话题	话题合适（适合学习者语言水平、个人兴趣等）。	😵□ ☹□ 😐□ 🙂□ 😊□	话题：________
内容	内容容易了解，结构清楚，逻辑性强。	😵□ ☹□ 😐□ 🙂□ 😊□	结构分为：________
呈现	结合音视频、图片呈现，图文并茂，有吸引力。	😵□ ☹□ 😐□ 🙂□ 😊□	优点：________
	合理分配时间，总时长符合要求。	😵□ ☹□ 😐□ 🙂□ 😊□	时长：________
语言使用	发音清楚、语音准确。	😵□ ☹□ 😐□ 🙂□ 😊□	读错的字：________
	语速不快不慢，表达流利自然。	😵□ ☹□ 😐□ 🙂□ 😊□	不太流利的地方：______
	使用了丰富的词汇、语法和句式。	😵□ ☹□ 😐□ 🙂□ 😊□	比较复杂的语言：______
	词汇、语法和句式等用法准确。	😵□ ☹□ 😐□ 🙂□ 😊□	错词、错句：________
举止	自信大方，不紧张。	😵□ ☹□ 😐□ 🙂□ 😊□	如：________
	基本脱稿（偶尔查看个人笔记）。	😵□ ☹□ 😐□ 🙂□ 😊□	如：________
	直视听众，与听众保持眼神接触。	😵□ ☹□ 😐□ 🙂□ 😊□	如：________
互动	与听众有非语言互动（如表情、手势等）。	😵□ ☹□ 😐□ 🙂□ 😊□	如：________
	与听众有语言互动（邀请听众说话、鼓励听众回答问题等）。	😵□ ☹□ 😐□ 🙂□ 😊□	如：________
总结	请写 2 ～ 3 句话，作为本场口头汇报的评语。		
	你听完有什么收获？（比如学到的新词、口头汇报的小技巧或听完的感受等）		

① 在课堂互评前，教师可就表格中的相关评价内容先向学生进行说明，确保他们能够理解。

6. 口语面谈评测与反馈样表（适用于各等级）

中文口语面谈评测与反馈表

<table>
<tr><td>时间：</td><td>学生：</td><td>教师：</td></tr>
<tr><td>完成的测试任务</td><td colspan="2">朗读词语、句子或短文 □
自由对话 □
访谈 □
其他 ________</td></tr>
<tr><td rowspan="4">测试中表现出的优势和特点</td><td colspan="2">语音：</td></tr>
<tr><td colspan="2">词汇：</td></tr>
<tr><td colspan="2">语法：</td></tr>
<tr><td colspan="2">其他：</td></tr>
<tr><td rowspan="4">测试中表现出的问题和不足</td><td colspan="2">语音：</td></tr>
<tr><td colspan="2">词汇：</td></tr>
<tr><td colspan="2">语法：</td></tr>
<tr><td colspan="2">其他：</td></tr>
<tr><td>建议</td><td colspan="2"></td></tr>
<tr><td>对应的标准化测试等级[1]</td><td colspan="2"></td></tr>
</table>

① 此部分任教老师可根据所在国的标准化测试情况进行选填，如 YCT/OPI/GCSE/VCE 等。

7. 学习者档案袋评价样表（以初等 3A 水平为例）

7-1　中文课程档案袋目录

<table>
<tr><td colspan="2">学生：</td><td colspan="3">学年：</td><td colspan="2">教师：</td></tr>
<tr><td>序号</td><td>入档日期</td><td colspan="3">项目</td><td>放入者</td><td>入选理由</td></tr>
<tr><td>1</td><td>XXXX.X.X</td><td colspan="3">学习者中文学习需求调查表</td><td>学生</td><td>介绍中文课学习经历、目的、目标和计划等</td></tr>
<tr><td>2</td><td>XXXX.X.X</td><td colspan="3">学生中文课堂行为观察表</td><td>教师</td><td>该生课堂表现</td></tr>
<tr><td>3</td><td>XXXX.X.X</td><td rowspan="13">探究学习中的作品</td><td colspan="2">课堂作品：小画册——“我”的全家福（图文结合，介绍全家人的穿搭）</td><td>学生</td><td>课堂上的中文学习成果</td></tr>
<tr><td rowspan="6">4</td><td>XXXX.X.X</td><td rowspan="6">课下作品：录制视频《最喜欢的人》（家人、朋友、同学、名人等均可，可介绍他/她的外表、性格、爱好等）</td><td>文字稿</td><td rowspan="6">学生</td><td rowspan="6">体现学习者单独探究学习的过程及中文进步的轨迹</td></tr>
<tr><td>XXXX.X.X</td><td>教师评语</td></tr>
<tr><td>XXXX.X.X</td><td>视频初稿</td></tr>
<tr><td>XXXX.X.X</td><td>同伴评语</td></tr>
<tr><td>XXXX.X.X</td><td>视频终稿</td></tr>
<tr><td>XXXX.X.X</td><td>反思</td></tr>
<tr><td rowspan="6">5</td><td>XXXX.X.X</td><td rowspan="6">结业小组作品：《小小中文书》（三四人一组，结合本学期所学话题，为新同学制作一本图文并茂的双语中文课本）</td><td>初稿</td><td rowspan="6">学生</td><td rowspan="6">体现学习者协同合作探究学习的过程及中文进步的轨迹</td></tr>
<tr><td>XXXX.X.X</td><td>教师评语</td></tr>
<tr><td>XXXX.X.X</td><td>修改稿</td></tr>
<tr><td>XXXX.X.X</td><td>同伴评语</td></tr>
<tr><td>XXXX.X.X</td><td>终稿</td></tr>
<tr><td>XXXX.X.X</td><td>反思</td></tr>
<tr><td rowspan="3">6</td><td>XXXX.X.X</td><td rowspan="3">其他</td><td colspan="2">自选中文课作品 1</td><td rowspan="3">学生</td><td rowspan="3">使档案袋更加个性化</td></tr>
<tr><td>XXXX.X.X</td><td colspan="2">自选中文课作品 2</td></tr>
<tr><td>XXXX.X.X</td><td colspan="2">自选中文课作品 3</td></tr>
<tr><td>7</td><td>XXXX.X.X</td><td colspan="3">家长反馈</td><td>家长</td><td>家长对中文课和学生的看法</td></tr>
</table>

（续表）

序号	入档日期	项目	放入者	入选理由
8	XXXX.X.X	课程内外所获得的奖项	学生	对学生中文能力的补充证明
9	XXXX.X.X	期末自我评价	学生	自我评估本学年中文学习情况
10	XXXX.X.X	课程最终反思	学生	总结优缺点，规划未来的学习
学生自我总结	本档案袋共包括____个文件 它的亮点是：________________________ 可提高的部分有：________________________			
其他				

7-2 中文课程学习者档案袋评价细则表

- 档案袋的评价可分为两步：首先，检查档案袋内容是否达标（是否包含所需作品，作品内容是否符合要求等）；在此基础上，为档案内容进行评级。
- 档案袋等级可分为 4 个层次：1. 优秀（Excellent）；2. 良好（Good）；3. 加油（Partially Meets Expectations）；4. 改进（Needs Improvement）。
- 教师可如实为每项打分，也可用于学生自评或互评。

<table>
<tr><th colspan="3">评估重点</th><th>达标与否</th><th>评级</th></tr>
<tr><td rowspan="5">内容</td><td>学习动机</td><td>分享了中文学习经历，设定了合适的中文学习计划和目标</td><td>是☐ 否☐</td><td></td></tr>
<tr><td>学习成果</td><td>至少包含 2 ～ 3 个学习成果，作品有说服力地显示出学生中文水平的进步</td><td>是☐ 否☐</td><td></td></tr>
<tr><td>学习过程</td><td>至少 1 个作品清晰地展示学习者中文进步的轨迹</td><td>是☐ 否☐</td><td></td></tr>
<tr><td>语言实践</td><td>展示了学习者将所学语言知识技能应用于实践的能力</td><td>是☐ 否☐</td><td></td></tr>
<tr><td>学习反思</td><td>呈现了学习者不断自我评估与反思的学习态度</td><td>是☐ 否☐</td><td></td></tr>
<tr><td rowspan="3">形式</td><td>档案齐全，无缺失文件</td><td>如有缺失文档，请列出：____________</td><td>是☐ 否☐</td><td></td></tr>
<tr><td>所有档案格式正确</td><td>如有文档格式错误，请列出：____________</td><td>是☐ 否☐</td><td></td></tr>
<tr><td>所有档案符合作业要求</td><td>如有文档未符合要求，请列出：____________</td><td>是☐ 否☐</td><td></td></tr>
<tr><td rowspan="2">过程</td><td colspan="2">收集过程条理清楚，未出现错误</td><td>是☐ 否☐</td><td></td></tr>
<tr><td colspan="2">作者非常用心地完成了所有材料的收集</td><td>是☐ 否☐</td><td></td></tr>
<tr><td rowspan="2">整体</td><td colspan="2">语言面貌较好</td><td>是☐ 否☐</td><td></td></tr>
<tr><td colspan="2">内容有创意</td><td>是☐ 否☐</td><td></td></tr>
<tr><td>评语</td><td colspan="4"></td></tr>
</table>

总结	该档案袋的最终评级为：☐ 优秀　☐ 良好　☐ 加油　☐ 改进 该档案袋亮点有：____________________ 可提高的部分为：____________________
其他	

8. 中文课程学业成绩通知单（以初等 1 级水平为例）

<table>
<tr><th colspan="5">中文课程学业成绩通知单</th></tr>
<tr><td colspan="5">学习结果分为五个等级：5 优异 /Excellent；4 良好 /Good；3 及格 /Acceptable；
2 要努力 /Needs Effort；1 要特别努力 /Poor Effort Shown</td></tr>
<tr><td>学年：</td><td>教师：</td><td colspan="3">学生：</td></tr>
<tr><th colspan="2">中文课程本学年目标</th><th colspan="3">学生本学年表现</th></tr>
<tr><td colspan="2" rowspan="8">1. 语言综合运用能力
（1）听力：能够听懂发音标准、语音清晰、语速缓慢（不低于 100 字 / 分钟），涉及个人信息、日常起居、饮食、交通、兴趣爱好等以词语或单句为主的简短对话（80 字以内）。
（2）口语：能够发音基本正确地读出 269 个音节；能够使用 500 个词汇和 48 个语法点介绍个人信息、日常起居、饮食、交通、兴趣爱好等；具备初步的口头表达能力，能够用常用词语及常用单句进行简单问答。
（3）阅读：能够认读 300 个汉字；能够借助图片、拼音等，读懂难度水平为 1 级的语言材料（100 字以内），阅读速度不低于 80 字 / 分钟。
（4）书写：能够正确地抄写 100 个汉字，速度不低于 10 字 / 分钟。
2. 文化能力
（1）初步了解中国语言、节日、名人等相关文化内容。
（2）初步了解中国和自己国家文化的共性和差异。
3. 学习和思辨能力
能通过使用电子词典、请别人多说几遍等方法帮助自己学习中文。
4. 情感和态度
表现出对中文学习较高的兴趣和动机，能够积极参与课程活动，听从教师指令，与他人展开合作等。</td><td rowspan="4">学业能力</td><td>听力能力</td><td>1 2 3 4 5
□ □ □ □ □</td></tr>
<tr><td>口语能力</td><td>1 2 3 4 5
□ □ □ □ □</td></tr>
<tr><td>阅读能力</td><td>1 2 3 4 5
□ □ □ □ □</td></tr>
<tr><td>写作能力</td><td>1 2 3 4 5
□ □ □ □ □</td></tr>
<tr><td>努力程度</td><td colspan="2">+ 比以前更用心，进步了。□
= 跟以前一样。□
− 没有以前用心，退步了。□</td></tr>
<tr><td>课堂行为</td><td colspan="2">教师选填：
（1）
（2）</td></tr>
<tr><td>总体评价</td><td colspan="2">1 2 3 4 5
□ □ □ □ □</td></tr>
<tr></tr>
<tr><td colspan="5">教师评语：</td></tr>
</table>

9. 学习者语言能力达标自评表（以中等 4 级水平为例）

学习者语言能力达标自评表

“我能”做到的行为描述		等级
请依据自己对话题了解的情况，选出适当的数字。 数字含义如下：3 完全具备该能力；2 基本具备该能力；1 还需努力。		
我能就课程大纲涉及的五大主题相关内容展开讨论	我能谈论自己的性格和相貌、不同家庭生活模式和所在社区情况	1 □ 2 □ 3 □
	我能谈论自己的日常生活、休闲娱乐方式等	1 □ 2 □ 3 □
	我能谈论自己的校园环境、教育计划和对职业的期待等	1 □ 2 □ 3 □
	我能谈论不同国家民族的语言文字、文学艺术和神话传说等	1 □ 2 □ 3 □
	我能介绍自己的家乡四季、饮食习惯及对科技的态度等	1 □ 2 □ 3 □
	我能________________________________	1 □ 2 □ 3 □
我能就自己相对熟悉领域中的事实性信息进行问答	我能就自己的性格、爱好，所在社区情况等话题进行提问和回答	1 □ 2 □ 3 □
	我能就各国人民的日常生活、休闲方式等话题进行提问和回答	1 □ 2 □ 3 □
	我能就自己的校园环境、职业规划等话题进行提问和回答	1 □ 2 □ 3 □
	我能就各国文化思想、媒体类型等话题进行提问和回答	1 □ 2 □ 3 □
	我能就人类健康、电子产品等话题进行提问和回答	1 □ 2 □ 3 □
	我能________________________________	1 □ 2 □ 3 □
我可以使用语言来满足在一些熟悉领域的基本需求	我能邀请别人参加正式活动	1 □ 2 □ 3 □
	我能安排出行计划	1 □ 2 □ 3 □
	我能利用互联网找到自己感兴趣的工作、学校及其要求	1 □ 2 □ 3 □
	我能利用电脑设计简历	1 □ 2 □ 3 □
	我能设计一份营养均衡的菜单	1 □ 2 □ 3 □
	我能________________________________	1 □ 2 □ 3 □
总结	总体而言，我达到了国际中文水平中等 4 级的能力要求	1 □ 2 □ 3 □
其他		

三、测试样题示例

1. 综合性评价测试样题

样题 1　语言理解（以初等 2 级水平为例）

听录音或教师口述一段话，请学生根据听到的内容给下图中的物品涂上正确的颜色。

我的桌子是黄色的，我的椅子是白色的。桌子上有一个蓝色的本子，一朵红色的花，还有一副黑色的眼镜。

评价标准：

优（Excellent）：听一遍录音即可完成任务，正确率 100%。

良（Good）：需要听一遍以上方能完成任务，错误较少。

中（Average）：需要听一遍以上，在老师同学的帮助下方能完成任务，错误较少。

差（Poor）：听一遍以上，在老师同学的帮助下仍无法完成任务，或者错误过多。

【例题说明】：本题的情境涉及“个人与社区”主题初等 2 级下的“房间”和“颜色”话题。该题主要测试学生的语言理解能力，考查学生能否正确理解和分辨图中物品名词和颜色词，并利用小学生感兴趣的涂色手段进行反馈。教师可根据实际情况安排学生分小组活动或独立完成，需在现场准备必要的涂色工具。

样题 2　语言理解 + 人际沟通（以初等 3 级水平为例）

看食堂的菜单，两人一组进行情景模拟：你去食堂吃午饭，饭卡里有 15 块钱，你会点什么菜呢？请和同伴分别扮演服务员和客人，做一个点菜的对话。

 炸酱面 8 元 / 碗	 肉包子 2 元 / 个	 米饭 1 元 / 碗
 炒土豆丝 4 元 / 份	 西红柿炒鸡蛋 5 元 / 份	 小炒肉 8 元 / 份

评价标准：

本次活动的评价方式是先自评、后教师评价，采用“画星星”评分的方法，为星星涂上颜色，满分为三颗星，一颗星代表仍需努力，两颗星代表较好，三颗星代表完美。

评价指标	学生自评	教师评价
了解点菜的基本表达方式	☆☆☆	☆☆☆
了解菜品价格的表达方式，恰当使用相关量词	☆☆☆	☆☆☆
能根据菜单上的信息合理规划所点菜品种类和数量	☆☆☆	☆☆☆
发音准确，口头表达流利	☆☆☆	☆☆☆
与同伴配合良好，表演生动有趣	☆☆☆	☆☆☆

【例题说明】：本题的情境涉及“社会与生活”主题初等 3 级下的“点餐”和“食物”话题，同时涉及中国特色美食文化。通过阅读食堂菜单和价格，测试学生的语言

理解能力；通过两人一组的情景模拟，考查学生是否掌握了点餐的基本表达方式，以及能否就该话题与服务员进行有效的沟通。从对话内容中观察学生是否了解菜单中的不同菜品，以及是否能根据有限的钱数规划好所点菜品的种类和数量。本题鼓励将学生自评和教师评价相结合，在双人互动中提高学生的交际策略能力和自我评价能力。

样题 3　人际沟通（以中等 4 级水平为例）

今天是中秋节，以“去朋友家做客”为主题，3～4 人为一组，进行一次约 5 分钟的情景模拟。（角色分配参考：爷爷、奶奶、爸爸、妈妈、孩子）

本次活动以同伴互评为主，要求每个人为自己的组员打分，在评分表的 A\B\C 三个等级上进行勾选，A 代表非常好，B 代表比较好，C 代表尚需努力。

评价指标	玛丽			麦克			艾琳		
语言运用准确，口头表达流利	A	B	C	A	B	C	A	B	C
语言运用得体，符合角色特点	A	B	C	A	B	C	A	B	C
了解做客的礼仪，并在对话中合理安排相关内容	A	B	C	A	B	C	A	B	C
了解中秋节的习俗，并在对话中合理安排相关内容	A	B	C	A	B	C	A	B	C
与组员配合良好，表演生动	A	B	C	A	B	C	A	B	C

【例题说明】：本题的情境为“社会与生活”主题下中等 4 级的“做客”话题，同时涉及中国传统节日文化。通过角色扮演，考查学生是否掌握了做客的基本表达方式，是否能够运用所学的中文与他人进行得体的交流，表达自己的感情和态度。同时从对话内容中观察学生是否理解了中国人做客的礼仪和规范，家庭成员间的角色关系以及中秋节的传统习俗。本题鼓励将教师评价和同学互评相结合，在小组活动中提高学生的交际策略和评价能力。

样题 4　语言表达（以中等 6 级水平为例）

假期马上就要到来了，你想和朋友一起去中国旅游。你们需要制订一个旅游计划，内容包括旅游目的地、特点、行程、住宿、交通等，将旅游计划做成幻灯片的形式，并配上插图，在全班进行报告展示。

评价标准：

本次活动以同学互评为主，要求每个人为班级其他同学打分，每项指标采用 5 分制的评分方法，1 分代表不合格，2 分代表合格，3 分代表中等，4 分代表较好，5 分代表优秀。

评分角度	具体指标	分数
话题内容	切合旅游计划的话题，旅游计划完整、结构清楚有条理	1□ 2□ 3□ 4 □ 5□
	对目的地的情况了解充分，介绍清晰全面	1□ 2□ 3□ 4 □ 5□
中文使用	发音清楚、语音准确	1□ 2□ 3□ 4 □ 5□
	语速适中，讲解流利自然	1□ 2□ 3□ 4 □ 5□
	词汇、语法和句式运用准确	1□ 2□ 3□ 4 □ 5□
	使用了丰富的词汇、语法和句式	1□ 2□ 3□ 4 □ 5□
报告呈现	PPT 字体大小适中，图文并茂，有吸引力	1□ 2□ 3□ 4 □ 5□
	合理分配时间，总时长符合要求	1□ 2□ 3□ 4 □ 5□
举止仪态	基本脱稿	1□ 2□ 3□ 4 □ 5□
	自信大方，不紧张	1□ 2□ 3□ 4 □ 5□

【例题说明】：本题的情境涉及“社会与生活”“中国与世界”“个人与社区”等主题，包括中等 6 级下的“旅游”“交通”“名胜古迹”“日程计划”等话题，综合性和实践性强。该任务测试学生的口语表达能力，通过制订旅游计划，考查学生对于中国城市、地理、人文等方面知识的了解情况，测评多个话题的综合组织能力，以及语言表达的逻辑性、条理性；通过 PPT 制作和展示，考查学生查找资料和综合编排各类媒体资源的能力。评价指标包括旅行计划的完整性、合理性，中文展示的基本能力、PPT 的可读性、语言表达的逻辑性等。本题鼓励将教师评价和同学互评相结合，同学之间互相发现并解决问题，提高学生的表达能力。

样题 5　语言理解 + 语言表达（以高等水平为例）

约翰准备申请中国的一所大学，他在网站上查到了该学校的专业介绍。请根据下面的信息回答以下问题：

XX 大学本科招生专业信息					
本科项目	中文专业			商务专业	
	中国语言文学方向	商务汉语方向	翻译方向	商务专业（中文授课）	商务专业（英文授课）
学制	4 年	4 年	4 年	4 年	4 年
学费（人民币）	39,900/ 年	34,900/ 年	45,000/ 年	50,000/ 年	50,000/ 年
入学要求	1. 取得高中毕业证书 2.HSK4 级或同等中文水平	1. 取得高中毕业证书 2. HSK4 级或同等中文水平	1. 取得大学本科毕业证书 2. HSK5 级或同等中文水平	1. 取得大学本科毕业证书 2. HSK5 级或同等中文水平	1. 取得大学本科毕业证书 2. IELTS6.0 或同等英文水平

1. 这所大学的中文专业有几个方向？每个方向对学生的中文水平有什么要求？（5 分）

2. 商务专业使用什么语言授课，学生可以怎样选择？（5 分）

3. 约翰对这所大学商务专业的中文授课课程很感兴趣，他想给学校写一封电子邮件，详细询问这个方向学习哪些课程、毕业的要求，以及奖学金政策。请你帮他写一写这封邮件。（15 分）

第 3 题评分标准：

得分区间	评价指标
13 ～ 15 分	准确掌握电子邮件的写作格式和文体，对题目要求的各项内容覆盖全面，语言运用准确清晰，表达得体，符合礼貌原则。汉字书写错误极少
9 ～ 12 分	较准确地掌握电子邮件的写作格式和文体，基本覆盖题目要求的各项内容，语言运用较准确清晰，词句使用和汉字书写错误较少
6 ～ 8 分	基本掌握电子邮件的写作格式，题目要求的内容有个别缺项，或出现明显不符合邮件文体和不得体的表达，词句使用和汉字书写存在错误
6 分以下	未能很好地掌握电子邮件的写作格式，内容覆盖不全面，语言表达不符合文体要求，句子不完整，存在大量词汇、语法或汉字错误

【例题说明】：本题主要基于“学习与工作”主题下的“教育与未来”话题，同时

涉及中国的学制和与教育文化相关内容。该任务综合了读、写技能，通过回答问题、拟写邮件等任务，综合考查学生在“申请大学”这一语境下的语言理解和语言表达能力。评价指标包括表格信息理解的正确性，邮件写作中内容信息的完整性、中文表达的正确性与得体性、书信文体及格式的规范性等。

2. 分析性评价测试常见题型及样题

教学评价中测试类型须涉及不同层次的认知教育目标，同时兼顾学生中文水平、认知发展等因素。国际中文教师可根据所在国学情、学生的中文水平、认知发展等，适度安排记忆类题型和理解型题型。另外，考虑到中小学生特点，可在测试题目中适当加入图片，辅助阅读。

（1）听力考查常见题型及样例

常见题型	样题示例	适用等级	认知目标
听后判断	苹果（　　） 	初中等	记忆—回忆
听后选择	甲：您好，我可以进来吗？　乙：请进。 A.  B.  C. 		
听后写拼音	听汉语写出拼音和正确的声调。		
听后重复[①]	我周日喜欢去公园散步。		
听后连线	听力材料： 月月，你好。欢迎来到新学校。咱们的教室在二层；一层有个小超市，可以买一些笔和笔记本；三层是图书馆。对了，老师们的办公室全部在四层。		

① 此题可同时考查学生的口语能力。

（续表）

<table>
<tr><th>常见题型</th><th>样题示例</th><th>适用等级</th><th>认知目标</th></tr>
<tr><td>听后连线</td><td>听录音，将字母填入合适的方框。
A.  B. 
C.  D. 
第一层□　第二层□　第三层□　第四层□</td><td>初中等</td><td>了解—配对</td></tr>
<tr><td>听后回答</td><td>听力材料：
记者采访了今年北京市高中英语口语比赛第一名。听两遍采访回答问题。
记者：星星，你好。请问你什么时候开始学习英语的？
星星：我小学三年级开始的。可当时觉得很难，一点儿都不喜欢。
记者：那你是怎么改变想法的？
星星：我爸爸妈妈都在医院工作。爸爸是医生，妈妈是护士。医院里常常来一些外国病人。我喜欢跟他们聊天儿，慢慢地也开始喜欢学英语。
听后回答：
1. 星星是怎么喜欢上学习英语的？
2. 星星的爸爸是做什么工作的？</td><td rowspan="2">中高等</td><td rowspan="2">分析—选择、判断等</td></tr>
<tr><td>听后填空</td><td>听力材料：
小月正在警察局报案。请听录音，完成警察的笔录。
<table><tr><td>报警人</td><td>来警察局的原因</td><td>丢包的时间和地点</td><td>包里的东西</td><td>联系方式</td></tr><tr><td>小月</td><td></td><td></td><td></td><td></td></tr></table>小月：我的背包被偷了。
警察：在哪里被偷的？</td></tr>
</table>

（续表）

常见题型	样题示例	适用等级	认知目标
听后填空	小月：在火车站的候车室。 警察：什么时候被偷的？ 小月：我 11 点发现座位旁边的背包不见了。 警察：背包里有哪些东西？ 小月：有我的学生证、暑假作业，还有给爸爸买的礼物——一个蓝色的水杯。 警察：好的，请留下你的联系方式。如果找到了，我们会联系你。 小月：好的，我的手机号是 13456293035。	中高等	分析—选择、判断等

（2）口语考查常见题型及样例

常见题型	样题示例	适用等级	认知目标
朗读词语、句子或短文	我们都渴望成功，但成功并没有什么特别的方法。	各等级	记忆—回忆
看题目回答问题	每天睡觉前，你会做些什么？（1.5 分钟）		应用—执行
看图说话	看图说话。（2分钟） 		
角色扮演	老师和你模拟情境，请回答老师的问题： 你在教室里与体育老师说话，请回答他 / 她的五个问题。		
主题演讲	想象此时你在对着全班同学进行主题分享。选一种你最喜欢的中国文化产物（如书法、汉字、中国画等），介绍该文化产物的相关情况及它对你的特殊含义。		
即兴对话	老师根据课程大纲的主题，随机选几个主题与学生进行 2 分钟即兴对话。		

（3）阅读考查常见题型及样例

常见题型	样题示例	适用等级	认知目标
看图 选文字	 这是一只小________。 A. 鸟　　B. 鱼　　C. 狗　　D. 猫	初中等	记忆—回忆、确认、识别等
看文字 选图	我要买一条裤子。我要买____。 A.  B.  C.  D. 		
看图判断	 看电视。（　　）		
看图连线	1. 妈妈在厨房做饭。　2. 哥哥和姐姐走路去上学。　3. 他们正在听着音乐跳舞。 A.  B.  C. 		了解—配对、推论等
对画线部分提问	我是<u>日本人</u>。 ____________________？		
找部首	找出下列三个字中的部首。如：街——彳。		分析—区辨、推论、统整、重组等
连词成句	<u>会、明天、大雨、下、可能</u>		
选出合适的回答	甲：今天天气怎么样？ 乙：________。 A. 我很好，谢谢。　B. 星期天不行。　C. 很冷。		
选择合适的词语	________他今天觉得不舒服，他________坚持参加了比赛。 A. 因为……所以　　B. 尽管……还是 C. 不但……反而　　D. 不仅……而且		
选择合适的位置	A 我们从星期一 B 到星期五 C 有 D 课。（都）		应用—执行

（续表）

常见题型	样题示例	适用等级	认知目标
阅读时找出近义词或词组	从短文中找出与以下词语或词组意思最接近的词语或词组。 我的大学同学李明毕业后，回到家乡工作。每天朝九晚五。虽然工作没什么乐趣，但工资不错。公司还有旅游补助，喜欢旅游的他小日子过得轻松如意。后来由于市场不景气，公司倒闭了。 1. 福利：__________ 2. 萧条：__________	中高等	回忆—配对
连句成段	A. 可是今天起晚了 B. 平时我骑自行车上班 C. 所以就打车来公司		分析—统整、联结
完形填空	在沙滩排球场上，半躺在沙滩椅中，头顶着蓝天，脚下踩着软软的细沙，吹着海风，享受那份惬意。阳光下，球场两边各有两名（1）着太阳眼镜、晒得一身古铜色（2）的运动员在网前争夺。 （1）A. 穿　B. 带　C. 挂　D. 戴 （2）A. 皮肤　B. 身体　C. 头发　D. 胳膊		
选出有语病的一项	A. 我们边走边聊，不知不觉走了十几里左右。 B. 他表现得很平静，没有任何激动的言行。 C. 对我来说，最难的课程是电脑编程。 D. 我之所以喜欢这个人，是因为他为人善良。		评鉴—判断
近义词辨析	有点儿、一点儿 这件衣服（　　）长，请换一件短（　　）的。	各等级	分析—区辨、选择、判断等
读后推测态度	你的好友月月在微信上发了一条朋友圈，好几个人在下面点评。 月月：最近天气太热了，每天点外卖，好方便啊。 明明：方便是方便，不过实在太不健康了。 红红：外卖的东西简直太好吃了，可惜我妈妈总是不让我点。 小白：每天点外卖，难道不贵吗？		

（续表）

<table>
<tr><th>常见题型</th><th>样题示例</th><th>适用等级</th><th>认知目标</th></tr>
<tr><td>读后推测态度</td><td>请分析文中大家对“点外卖”的态度。
月月：正面□　反面□　正面＋反面□
明明：正面□　反面□　正面＋反面□
红红：正面□　反面□　正面＋反面□
小白：正面□　反面□　正面＋反面□</td><td rowspan="2">各等级</td><td rowspan="2">分析—区辨、选择、判断等</td></tr>
<tr><td>读后回答问题</td><td>阅读龙龙给天天的邮件，回答问题。
1. 龙龙对天天要穿的衣服有什么建议吗？
2. 龙龙的家里已经买了哪些吃的和喝的？

收件人：天天（tiantian2022@163.com）
主题：你可以参加我的生日派对吗？
天天：
　　你好！下周二（五月二十一日）是我十二岁的生日。我打算在家里举行一场生日派对，欢迎你的加入！派对晚上六点开始，主题是“绿色的大自然”。所以如果你能穿一身绿色的衣服，就最好啦。
　　最后，我已经在家里准备了汉堡包、巧克力、水果、小吃、果汁和可乐等。如果你还想吃别的东西，请写信告诉我。
　　谢谢你。
你的好朋友：龙龙
2024 年 5 月 13 日</td></tr>
</table>

（4）写作考查常见题型及样例

<table>
<tr><th>常见题型</th><th>样题示例</th><th>适用等级</th><th>认知目标</th></tr>
<tr><td>看拼音写汉字</td><td>姐姐每天下午三点（fàng）____学。</td><td rowspan="2">初中等</td><td rowspan="2">记忆—回忆</td></tr>
<tr><td>写出汉字的笔画顺序</td><td>中</td></tr>
</table>

（续表）

<table>
<tr><th>常见题型</th><th>样题示例</th><th>适用等级</th><th>认知目标</th></tr>
<tr><td>看图写汉字</td><td></td><td rowspan="2">初中等</td><td>记忆—回忆</td></tr>
<tr><td>改正错误汉字</td><td>1. 他每天给妈妈打电活（　　）。
2. 我们应该少吃肉多远（　　）动。</td><td>分析—区辨</td></tr>
<tr><td>写出部首相同的汉字</td><td>说________</td><td rowspan="8">中高等</td><td rowspan="3">了解—举例、列举</td></tr>
<tr><td>写出近义词或反义词</td><td>胖（反义词）：________</td></tr>
<tr><td>写出结构相似的词</td><td>参考例子，写出具有相同语素或相同结构的词语。
书店：________</td></tr>
<tr><td>用指定词语改写、完成句子</td><td>买房后，我很少买新衣服。（自从……）</td><td>了解—转换</td></tr>
<tr><td>故事续写</td><td>晚上，小明一人在家里上网课，这时，门突然开了……
以此为开头续写故事。</td><td rowspan="4">应用—执行、解决</td></tr>
<tr><td>话题作文</td><td>《中学生杂志》想了解一下同学们对上网学习的看法。请你给杂志写一篇文章，说一说：
1. 你的网上学习经历
2. 上网学习的好处和坏处
3. 青少年上网学习注意事项</td></tr>
<tr><td>读后缩写</td><td>在限定时间内缩写一段文字。（具体参见 HSK6 级书写部分题目）</td></tr>
<tr><td>任务型写作：语言表达式</td><td>你要邀请好朋友去一家饭店，现在正在给这位同学发短信介绍这家饭店。你的短信内容中应包括：
1. 饭店的位置
2. 吃饭的时间
3. 饭店有哪些菜
4. 怎么到达那里</td></tr>
</table>

（续表）

常见题型	样题示例	适用等级	认知目标
任务型写作：人际沟通式	阅读朋友的一封邮件，完成你的回复。 发件人：萍萍 主题：毕业后的计划 你好！ 告诉你一个好消息，我收到大学的录取通知书啦！终于松了一口气，有大学可上了！不过，我这几天一直在考虑是不是先休息一年，到中国去，明年八月再开始上大学。你觉得晚一年再上大学好不好？为什么？如果你有机会去中国生活一年，然后再回来上大学，你想在这一年的时间里做什么？等你回信。 萍萍	中高等	应用—执行、解决
看图写故事			
造句	尽管：＿＿＿＿＿＿	各等级	应用—使用、执行
看图写话	 你在中国朋友的微信上看到这张照片。 他们是谁？在哪儿做什么？ 请用汉语写四句话。		

（续表）

常见题型	样题示例	适用等级	认知目标
用指定词语写作	请用下列短语或句子，写一篇短文，大约十行（或100个字）。 在海边、孩子们、怎么办、最后……	各等级	应用—使用、执行

（5）翻译考查常见题型及样例

常见题型	样题示例	适用等级	认知目标
中译中：单独翻译词语、短语、句子等	狐假虎威：________	各等级	了解—释义、诠释、翻译
中译中：在语境中翻译词语、短语、句子等	请解释画线部分的词义。 这趟火车十有八九要晚点。		
中译外：翻译词语、短语、句子、生活中的真实语料等	你的英国朋友在脸书（Facebook）上看到一个中国朋友发的内容，很想知道意思。请为他翻译一下： “今年我想有个健康年。去年我吃了太多快餐，现在我要多喝牛奶、多吃蔬菜。”		
中译外：翻译正式文章等	你要为一份双语杂志提供中文对应的英文稿件。翻译这篇关于中学生兼职的150字文章。注意：传达意义比字面上的正确性更重要。		
中译外：听后翻译并在文本中找出正确答案	寒假快到了。我打算跟姐姐坐火车去上海玩儿一星期。我们打算从北京出发，一路会经过天津、济南和南京这几个城市。 Where will their trip begin? A. Beijing.　B. Tianjin.　C. Nanjing.　D. Shanghai.		

（续表）

<table>
<tr><th>常见题型</th><th>样题示例</th><th>适用等级</th><th>认知目标</th></tr>
<tr><td>中译外：听后翻译并推测相关细节</td><td>男人：李太太，您好。我有点儿事儿想跟李先生谈谈。他在家吗？
女人：他出去了，马上就回来。请您坐一会儿，先喝杯茶吧。
Where does this conversation take place?
A. At Mr. Li's home. B. In Mr. Li's office.
C. On the street. D. In a park.</td><td rowspan="3">各等级</td><td rowspan="3">了解—释义、诠释、翻译</td></tr>
<tr><td>中译外：根据听到或读到的中文材料撰写外语文章</td><td>听一段中文录音，用下面提示的要点写一篇不少于75个英文单词的短文。
提示要点：1. 高考的优点；2. 父母对高考的看法。
听力文本：很多人认为，高考最大限度地实现了人才的公平选择，不管考生的家庭背景如何，只要他考得好，就可以上好大学。特别是对于农村的学生来说，高考是改变他们社会地位最好的机会。有些家长觉得高考会缩小孩子个性发展的空间。他们认为现行高考制度是统一考试，要求全国所有的学生都按照统一的标准学习，这样会缺乏灵活性。</td></tr>
<tr><td>外译中：使用指定词语、短语、固定搭配等翻译</td><td>根据给出的英文，使用括号里的词语翻译句子。
He doesn't know anything about Chinese cities. He hasn't even heard of Nanjing.
他对中国的城市一点儿都不清楚，__________。（甚至）</td></tr>
</table>

参考资料

北京大学中文系现代汉语教研室（1993）《现代汉语》，北京：商务印书馆。

丁安琪（2013）论汉语教学大纲本土化——以法国《初中汉语教学大纲》为例，《对外汉语研究》第2期。

冯丽萍、高晨阳（2020）输入方式及语篇位置对汉语二语学习者句法启动效应的影响研究，《语言教学与研究》第4期。

傅由（2019）加拿大阿尔伯塔省中小学汉语课程大纲与国家汉办《国际汉语教学通用课程大纲》之文化目标比较，《国际汉语教学研究》第2期。

国际文凭组织（2018）大学预科项目——初级语言课程指南（2020年首次评估），IB Publishing Ltd。

韩笑、张亮、张华等（2021）复杂网络视角的汉语二语口语句法复杂度发展研究，《世界汉语教学》第3期。

教育部中外语言交流合作中心（2022）《国际中文教育用中国文化和国情教学参考框架》，北京：华语教学出版社。

孔子学院总部/国家汉办（2014）《国际汉语教学通用课程大纲》，北京：北京语言大学出版社。

孔子学院总部/国家汉办（2015）《HSK考试大纲》（一～六级），北京：人民教育出版社。

李坤崇（2016）《学业评价：多种评价工具的设计及应用》，上海：华东师范大学出版社。

李泉（2003）基于语体的对外汉语教学语法体系构建，《汉语学习》第3期。

李宇明（2018）海外汉语学习者低龄化的思考，《世界汉语教学》第3期。

梁宇、王祖嫘、邵亦鹏（2022）基于数据库的海外中文教育标准体系建设研究，《天津师范大学学报》(社会科学版）第 1 期。

刘华、郑婷（2017）少儿华语教学主题分类词表构建，《华文教学与研究》第 1 期。

刘珣（2000）《对外汉语教育学引论》，北京：北京语言大学出版社。

刘英林（2021）《国际中文教育中文水平等级标准》的研制与应用，《国际汉语教学研究》第 1 期。

刘英林、李佩泽、李亚男（2020）汉语国际教育汉语水平等级标准全球化之路，《世界汉语教学》第 2 期。

吕良环、史清泉（2002）国外外语教学大纲的发展研究，《全球教育展望》第 8 期。

罗少茜、黄剑、马晓蕾（2015）《促进学习：二语教学中的形成性评价》，北京：外语教学与研究出版社。

马佳楠、张彤辉（2019）试论《国际汉语教学通用课程大纲》与海外外语能力标准的对接——以西班牙安达卢西亚大区、美国新泽西州汉语教学大纲制定为例，《国际汉语教学研究》第 2 期。

马箭飞、梁宇、吴应辉等（2021）国际中文教育教学资源建设 70 年：成就与展望，《天津师范大学学报》(社会科学版）第 6 期。

马志强（2017）《在线学习评价研究与发展》，北京：中国社会科学出版社。

欧洲理事会文化合作教育委员会（2008）《欧洲语言共同参考框架：学习、教学、评估》，刘骏、傅荣主译，北京：外语教学与研究出版社。

邵滨、富聪（2020）世界少儿汉语教学研究：回顾与展望，《汉语学习》第 5 期。

王添淼、李伟言（2006）美国 K-12 教育中国家外语教育目标述评，《外国教育研究》第 11 期。

王学松（2022）《国际中文教育中文水平等级标准》的文化定位与文化教学实施路径，《国际汉语教学研究》第 4 期。

王祖嫘、何洪霞、李晓露、梁宇（2021）世界主要发达国家中文教学标准研究报告，《国际中文教育》(中英文）第 4 期。

赵金铭（2019）《对外汉语教学概论》(修订本)，北京：商务印书馆。

中华人民共和国教育部、国家语言文字工作委员会（2021）《国际中文教育中文水平等级标准》，北京：北京语言大学出版社。

朱瑞平、张春燕（2016）汉语国际教育背景下文化传播内容选择的原则，《云南师范大学学报》(哲学社会科学版) 第1期。

朱志平、伏学凤、步延新等（2016）汉语二语教学标准制定的几个问题——谈非汉语环境下中小学汉语教学，《北京师范大学学报》(社会科学版) 第2期。

ACTFL. *Standards for Foreign Language Learning in the 21st Century*, Allen Press Inc., 1999.

Brown, H. Douglas. *Teaching by Principles: An Interactive Approach to Language Pedagogy (3rd Edition)*, Pearson Education Inc., 2007.

Council of Europe, & Council for Cultural Co-operation. Modern Languages Division. *Common European Framework of Reference for Language: Learning, Teaching, Assessment*, Cambridge: Cambridge University Press, 2001.

Curtain, Helena & Carol Ann Dahlberg. *Languages and Children: Making the Match, New Languages for Young Learners, Grades K-8 (4th Edition)*, Pearson Education Inc., 2010.

Gardner, Howard. *Frames of Mind*: *The Theory of Multiple Intelligences*. New York, NY: Basic Books, 1983.

NSW Education Standards Authority. *Chinese and Literature—Stage 6 Syllabus,* Sydney, Australia, 2012.

国際文化フォーラム（2007）高等学校の中国語と韓国朝鮮語学習のめやす（試行版），財団法人国際文化フォーラム。